« Très intéressant, plein d'idées, une façon d'écrire qui nous apostrophe, **des exemples qui rendent concret ce chemin vers le bonheur...** »

* * *

« J'ai beaucoup aimé ce livré, l'auteur avec son enthousiasme et sa motivation **vous accompagne « pas à pas » vers le bonheur**... Vous découvrirez plusieurs activités à faire dans votre quotidien et de nombreuses informations très utiles. Ce livre facile à lire vous aidera à améliorer votre bien être et vous guidera vers le bonheur. »

I0540647

TÉMOIGNAGES DE LECTEURS :

« Dr Weyers **guide le lecteur de main de maître (...) Si vous êtes prêt·e à vivre un niveau de bonheur dont vous ignoriez l'existence, je recommande vivement ce livre!** »

—Hal Elrod, auteur à succès,
The Miracle Morning

* * *

« **Votre bonheur pas à pas** » est un véritable livre de développement personnel ! (...) Comme Sonia Weyers nous y invite, commencez juste par vous et votre bonheur.

—Julien Peron, réalisateur du documentaire
C'est Quoi le Bonheur Pour Vous ?

* * *

« Sonia Weyers a su trouver les mots pour évoquer des situations ressenties parfois complexes à expliquer ou à exprimer, et donne ainsi des clés très utiles, pratiques à mettre en œuvre. **On comprend rapidement que l'objectif sera atteint sereinement**, en prenant un chemin durant lequel on apprend (ou réapprend) des éléments de notre personnalité peu exploités. C'est en nous aidant à mieux nous connaître que l'auteure nous transmet un moyen d'accéder à plus de bonheur. »

* * *

« Facile d'accès, il invite à explorer notre vie, à expérimenter (avec ses exercices pratiques) pour découvrir pas à pas de nouvelles options. J'aime son côté terre à terre. Occasion d'aller à la rencontre de soi sans prise de tête. Contente de le découvrir en français (je l'ai en anglais depuis l'an dernier), je vais pouvoir le partager avec davantage de personnes. »

* * *

« Une écriture vivante et vivifiante, basée tant sur l'expérience de l'auteur que des références scientifiques. Des propositions pratiques avec un support, qui si on les applique, **transforment cette notion de bonheur en une réalité tangible.** »

* * *

« Livre intéressant et pratique : le bonheur n'est pas une recette toute faite, le bonheur est propre à chacun. Sonia a pu l'exprimer au travers de ses propres expériences qu'elle partage, de sa pratique professionnelle, de son écriture structurée et d'un guide, ce qui nous permet nous lecteur de pouvoir changer certaines choses dans nos vies et progressivement avec un support visuel personnel. Ce "pas à pas" est intéressant car il nous permet de tendre à nôtre bonheur à nôtre rythme par de petits rituels journaliers, les petites rivières font de grands fleuves... **A LIRE ABSOLUMENT !** »

* * *

EUDOKIMA EDITIONS

Votre Bonheur
PAS À PAS !

COMMENT TROUVER LA MOTIVATION
ET PASSER À L'ACTION POUR
PLUS DE SENS, DE PAIX ET DE JOIE

SONIA WEYERS

PRÉFACE

Recherche universelle depuis des millénaires, l'homme n'a cessé de se questionner autour du bonheur. Philosophes, écrivains, scientifiques, maîtres spirituels, chercheurs en tout genre s'efforcent de comprendre la mécanique du bonheur. Et si le bonheur cela s'apprenait? Et si tout partait de notre éducation? Pendant 4 ans, j'ai sillonné notre belle planète en autofinancement à la rencontre de ces hommes et femmes qui cherchent à percer les mystères du bonheur pour réaliser le film « C'est quoi le bonheur pour vous? ».

« Votre bonheur pas à pas » est un véritable livre de développement personnel, il aborde un nombre important de thématiques toutes liées au bonheur et nous met face à nos responsabilités et à nos choix. Le bonheur est vital, indispensable à notre équilibre. Il est à l'origine de nombreuses vertus et joue un rôle prédominant sur notre santé; être heureux permet de vivre plus longtemps, d'avoir un meilleur système immunitaire et d'être bien dans sa peau, tout simplement ! Cela apparaît comme nécessaire pour mener une vie personnelle et sociale harmonieuse.

Prenez du recul, observez votre vie, la société, votre entourage, la nature etc. ce peut être un exercice d'une richesse inestimable. Prendre du recul c'est avant tout observer, sans forcément analyser les choses mais juste regarder. Tel un scientifique poussé par la curiosité, remettez en question ce que les médias, les politiques, la société nous imposent et véhiculent et cherchez par vous-même. Et si la réalité était différente? Pourquoi pas? Comme Sonia Weyers nous y invite, commencez juste par vous et votre bonheur. Êtes-vous heureux? C'est quoi pour vous être heureux? Notre passage sur terre est très rapide, souhaitez-vous contribuer à apporter une pierre à l'édifice d'un monde meilleur? Si oui comment allez-vous procéder? La nature ne crée pas les choses pour rien, vous êtes magnifique et doué pour réaliser. Votre première intuition sera la bonne écoutez-la!

Julien PERON
Fondateur et directeur des sociétés
Neo-bienêtre et Neorizons Travel.
Réalisateur du film
« C'est quoi le bonheur pour vous? ».

DÉDICACE

Je dédie ce livre à mes enfants :

Clara, Gabrielle, Oscar et Stella.

Vous êtes le moteur de ma quête
d'auto-amélioration. Mon souhait le plus
cher est que vous ayez appris de moi que la vie
offre des possibilités illimitées et que vous
pouvez laisser vos rêves vous guider.

« Si vous voulez réveiller l'humanité toute entière, alors réveillez-vous complètement. Si vous voulez éloigner du monde la souffrance, alors éliminez tout ce qui est sombre et négatif en vous. En vérité, le plus grand cadeau que vous ayez à donner est celui de votre propre transformation. »

– Lao-tseu

GUIDE GRATUIT

Pour vous remercier de votre intérêt pour mon livre, j'aimerais vous offrir le PDF du livret d'activités que j'ai créé comme guide d'accompagnement.

Pour le télécharger, allez sur :

https://eudokima.com/bonheur-pas-à-pas-guide

Gardez votre livret d'activités près de votre livre et chaque fois que je vous invite à une réflexion, vous trouverez une page dans ce livret pour noter vos idées et vos prises de conscience. J'espère que vous apprécierez le voyage !

TABLE DES MATIÈRES

CLAUSE DE NON-RESPONSABILITÉ

Ce livre vous est présenté à titre informatif et ne remplace aucun conseil professionnel. Les actions posées par le lecteur sont de son entière et exclusive responsabilité. Certaines questions requièrent une intervention plus experte que la simple lecture d'un livre. Selon la nature du problème, il peut être plus approprié de consulter un professionnel.

INTRODUCTION

Espérez-vous plus de votre vie ? Aimeriez-vous ressentir plus de paix ? Trouvez-vous que votre vie manque de sens ? Êtes-vous en proie à des émotions négatives, ou recherchez-vous plus de joie ?

Vous n'êtes pas seul·e ! Dans ce monde où les biens matériels sont de plus en plus accessibles, le nombre de personnes aspirant à plus de sens, de paix et de joie, à un objectif plus noble, à une vie bien vécue, ne cesse d'augmenter.

Ce livre propose une approche ancrée, étayée et sans détours pour examiner ce qui manque dans *VOTRE* vie et comment *VOUS* pouvez passer à l'action pour remédier à tout ça. Étant thérapeute, coach, Révélatrice de Bonheur et animatrice de plusieurs programmes pour aider mes client·e·s à Vivre Leur Bonheur AUTHENTIQUE, j'aide depuis plus de 10 ans de nombreuses personnes comme vous à améliorer leur qualité de vie.

Les réflexions, exercices et mises en action contenus dans ce livre ont déjà aidé des professionnel·le·s débordé·e·s, des parents au foyer et bien d'autres à améliorer leur qualité de vie. Une participante à l'un de mes ateliers a dit :

« L'atelier de Sonia m'a permis de réaliser que je pouvais spontanément déclencher des émotions positives d'instant en instant, jour après jour, ce qui a provoqué une réelle différence dans ma manière d'interagir avec moi-même et avec les autres. »

Je vous garantis que si vous lisez ce livre, si vous faites les exercices et si vous choisissez au moins une action à incorporer durablement dans votre vie, vous sentirez une amélioration dans *votre* qualité de vie.

Je ne propose pas une solution toute faite, c'est au contraire une approche hautement personnalisée. Au fil des pages qui suivent, je vous guiderai dans l'exploration de plusieurs sujets : à vous de faire le choix de ce que vous souhaitez et ne souhaitez pas incorporer à votre vie.

Ne soyez pas la personne qui se plaint de sa vie et qui ne fait rien pour que cela s'arrange ; ne soyez pas la personne qui refuse une occasion de poser un acte positif pour sa vie.

Soyez la personne qui intègre des changements positifs dans sa vie. Soyez la personne qui inspire les autres par ses propres changements positifs. Soyez la personne qui prend sa vie en main *dès maintenant*.

Les conseils que vous trouverez dans chaque chapitre, pour favoriser votre bonheur, ont fait leurs preuves et la plupart sont validés par des études scientifiques. Pour en tirer les bénéfices pour *votre* vie, il vous suffit de suivre les invitations que vous rencontrerez dans les pages qui suivent, et vous créerez une vie dont vous n'auriez pas osé rêver.

Ce livre vous permettra de :

1. concocter des routines

2. déterminer vos besoins de sommeil

3. clarifier vos besoins relationnels

4. faire des choix alimentaires

5. choisir une activité physique

6. ressentir de la gratitude

7. découvrir l'auto-compassion

8. pratiquer le pardon

9. visualiser votre vie idéale

VOTRE BONHEUR PAS À PAS !

Ce livre va vous guider sur un chemin de croissance personnelle, par l'exploration de votre rapport à plusieurs aspects importants de votre vie. Vous toucherez peut-être les limites de votre zone de confort, et même de l'inconfort par moments, mais je vous garantis que si vous persévérez et si vous agissez lorsque je vous y invite, vous ne le regretterez pas : vous serez en chemin vers une vie qui vous ressemble et un sentiment d'autoréalisation.

Si vous vous trouvez en difficulté pour mettre en place des changements, j'ai inclus différentes façons dont je peux vous accompagnez. Donc sachez que je suis là pour vous et démarrez sur le chemin pour enfin trouver et vivre Votre Bonheur AUTHENTIQUE.

J'attire néanmoins votre attention sur le fait qu'une vie bien vécue inclut forcément une activité de type professionnel et des considérations financières. Je n'aborde pas les thèmes du travail et de l'argent dans ce livre ; je mets plutôt l'accent sur comment mieux vivre sa vie, indépendamment des circonstances, et cela marche vraiment dans la plupart des cas.

Je peux vous faire ces promesses parce que j'en ai personnellement fait l'expérience. Lorsque j'avais 20 ans, j'étais plutôt malheureuse, sans aucune raison extérieure, j'étais assez stressée et je ne faisais pas de sport. J'étais plutôt en bonne santé, mais j'avais assez souvent des sinusites pour lesquelles je prenais des antibiotiques au moins 2-3 fois par an.

J'ai maintenant plus de 50 ans : je suis plus heureuse que jamais, la plupart du temps. Je sais comment gérer mon stress, je fais du sport régulièrement, ma santé est bien meilleure et je n'ai pas pris d'antibiotiques depuis plusieurs années.

Depuis environ 30 ans, je chemine. À 20 ans, j'étais mal dans ma peau, sans raison apparente, mon chemin semblait tout tracé et pourtant j'ai cherché sans répit une amélioration. Ce que vous trouverez dans les pages qui suivent est à la fois le fruit de ma propre quête et validé par des études scientifiques.

Mon vœu le plus cher en écrivant ce livre est que vous trouviez des clés pour élargir *votre* perspective, des pistes de réflexion qui vous mènent à améliorer *votre* vie, et l'inspiration nécessaire pour la prendre en main. Je vous invite à investir du temps et à mobiliser de l'intention pour *vous* créer un avenir meilleur.

Je vous invite à prendre en main votre qualité de vie, tout de suite et à vous mettre en mouvement pour augmenter la satisfaction que vous tirerez de votre vie. Vous commencerez alors à goûter une vie qui *VOUS* convient.

Bon voyage !

VOTRE BONHEUR PAS À PAS !

La suite du livre est structurée en trois parties. La première partie vous invite à cultiver l'état d'esprit qui vous aidera à profiter le plus possible des explorations qui suivront.

Dans la deuxième partie, vous examinerez plusieurs domaines prioritaires, et pour chacun d'entre eux, vous découvrirez des leviers d'accroissement de votre bonheur. Il s'agira de votre santé, physique et émotionnelle ; de vos relations ; et enfin de votre spiritualité et du sens de votre vie.

La troisième partie se concentrera sur des activités concrètes, pour vous aider à incorporer ces apprentissages à votre vie de tous les jours : 23 activités vous aideront à enrichir les priorités qui auront émergé dans la seconde partie.

Note éditoriale : étant bilingue, j'ai moi-même traduit ce livre que j'avais d'abord écrit en anglais. Dans cette première version, j'avais fait le choix d'inverser la norme grammaticale qui se fait l'écho des inégalités entre les sexes et le féminin l'emportait sur le masculin.

Pour la version en français, j'ai voulu faire la même chose, et cela m'a semblé trop difficile vu le travail déjà délicat de traduction. Souhaitant positionner ce livre dans l'air du temps, j'ai finalement choisi l'écriture inclusive, bravant la controverse.

Concernant les citations, les traductions sont celles disponibles dans le domaine public ou, à défaut, mes traductions personnelles.

Un petit mot sur le choix du mot bonheur qui n'est pas neutre. Bien que ma préférence personnelle aille au mot bien-être, j'ai observé que celui-ci évoque beaucoup plus des choses comme le yoga, le massage et les médecines parallèles, qui font du bien au corps. En revanche, pour parler de bien-être psychologique, les spécialistes francophones du sujet utilisent le mot bonheur et je me range à leurs côtés.

> Le bonheur, c'est du bien-être
> dont on prend conscience
> – Christophe André

Partie I

VOTRE ÉTAT D'ESPRIT

Dans cette première partie, je vous invite à flâner avec moi dans le jardin dont les différentes fleurs constituent l'état d'esprit nécessaire à la poursuite de vos objectifs. Dans la partie II, vous approfondirez les quatre domaines prioritaires pour accroître votre bonheur, et dans la partie III, vous découvrirez une sélection d'activités qui peuvent grandement impacter votre vie.

Dans la partie I, le chapitre 1 traite de motivation ; le chapitre 2 parle d'engagement ; le chapitre 3 aborde vos croyances ; le chapitre 4 est consacré à la persévérance ; enfin, le chapitre 5 fait une synthèse pour créer votre avenir, dans lequel vous aurez le pouvoir de cheminer vers *Votre* Bonheur AUTHENTIQUE.

« Un voyage de mille lieues commence
toujours par un premier pas. »
– Lao-tseu

« Ose vivre la vie dont tu as rêvé,
va de l'avant et réalise tes rêves. »
– Ralph Waldo Emerson

Un peu plus loin, je vous inviterai à prendre des notes. J'ai créé un livret d'activités PDF pour accompagner votre lecture. Vous pouvez le télécharger à l'adresse suivante :

https://eudokima.com/bonheur-pas-à-pas-guide

Vous pouvez également choisir d'utiliser un carnet.
Dans ce cas, je vous suggère de choisir un carnet dédié à votre cheminement avec ce livre.

Chapitre 1

TROUVER LA MOTIVATION

Pourquoi ?

Commencez par vous demander « Pourquoi ? » Pourquoi avez-vous décidé de vous aventurer sur ce chemin ? Qu'est-ce qui vous a conduit à commencer ce livre ?

L'ingrédient premier de toute motivation est la réponse à un « Pourquoi ? » Si vous voulez commencer une nouvelle activité ou changer une habitude, vous devez avoir une raison de le faire. Est-ce qu'un aspect de votre vie ne vous convient pas ? Avez-vous un problème à régler ? Ou avez-vous un objectif ? Un rêve ? Quelque chose que vous désirez ardemment, mais que vous n'avez pas encore ?

Réfléchissez. Quand faites-vous quelque chose sans raison ?

VOTRE BONHEUR PAS À PAS !

Il y a une grande variété de raisons possibles ! Pensez à comment vous passez vos journées, vos semaines. Vous vous levez tous les jours, vous allez au travail, à l'école ou à une activité, et vous faites sans doute des corvées, comme faire les courses ou faire la lessive. Nombreux·ses sont celles et ceux qui considèrent ces occupations comme des obligations. Nous faisons tout ceci parce que nous devons le faire.

Et bien je vous invite à penser un peu différemment, à trouver une motivation pour toutes ces obligations. Je lave mon linge pour avoir des vêtements propres à me mettre. Je fais mes courses parce que j'ai besoin de manger. Je travaille pour gagner l'argent qui me permet de faire des choses. Mais même si vous considérez que vous faites certaines choses par obligation, je vous encourage à penser à certaines choses que vous faites par choix.

Prenez quelques instants maintenant pour penser à quelque chose que vous faites par choix et pensez à pourquoi vous le faites.

Essayez de sentir comment ce « pourquoi » vous donne la motivation pour adopter ce comportement.

Maintenant, prenez le temps de clarifier pourquoi vous lisez ce livre. Ceci a probablement quelque chose à voir avec le souhait de vivre une vie plus épanouissante.

Quoi ?

> « Savoir ce qu'on veut est la
> première étape pour l'obtenir. »
> – Louise Hart

Ensuite, vous devez vous demander « Quoi ? » Que souhaitez-vous tirer de la lecture de ce livre ? Quel est votre objectif ? À quoi aspirez-vous que vous n'avez pas encore ? Prenez quelques instants pour plonger dans ce questionnement. Que souhaitez-vous améliorer dans votre vie, spécifiquement ?

Vous trouvez peut-être votre vie fade et vous cherchez plus d'enthousiasme. Vous souhaitez peut-être vous sentir moins souvent triste ou en colère. Vous vous sentez peut-être seul·e tout en étant entouré·e. Vous souhaitez peut-être juste aller encore mieux. Quelle est *votre* raison spécifique pour lire ce livre ?

Pourquoi maintenant ?

Enfin, pour déterminer votre motivation, demandez-vous « Pourquoi maintenant ? » Que s'est-il passé qui vous a fait ouvrir ce livre ? Y a-t-il eu un événement déclencheur de votre recherche de bonheur, ou est-ce un état persistant qui dure ? Prenez quelques instants maintenant pour penser à ces questions.

J'apprécie beaucoup que vous ayez franchi ce pas en prenant en main votre bonheur et je vous invite à vous apprécier également.

Certain·e·s d'entre vous souhaiterez peut-être avoir une mesure de l'amélioration possible dans votre vie si vous suivez mes recommandations dans ce livre. Si c'est votre cas, je vous suggère de faire le test de l'*Échelle de satisfaction de vie* développé par le psychologue américain Ed Diener. Vous en trouverez une version francophone à cette adresse :

www.psychomedia.qc.ca/tests/echelle-de-satisfaction-de-vie

À l'aide de ce questionnaire, vous pouvez évaluer votre niveau de bonheur actuel, et vous pouvez refaire le test lorsque vous aurez pratiqué certains des changements suggérés dans ce livre pendant environ 3 mois.

Que faire ?

OK, vous avez une meilleure idée de pourquoi vous lisez ce livre et de ce que vous souhaitez en tirer. Et maintenant ? Souvent, même si on sait ce qu'on veut, on peut se sentir perdu si on ne sait pas quoi faire pour y arriver.

> « La folie, c'est de faire toujours la même chose et de s'attendre à un résultat différent. »
> – Albert Einstein

Si vous souhaitez observer un changement dans votre vie, vous devez changer certains de vos comportements. C'est vraiment aussi simple que ça. Si vous ne voulez rien changer, continuez ce que vous faites. Mais puisque vous êtes en train de lire ce livre, je suppose que vous souhaitez un changement.

Permettez-moi de vous parler un peu de mon propre parcours.

Lorsque j'étais une jeune adulte, j'étais assez déprimée et je n'avais aucune idée de quoi faire pour aller mieux. À première vue, j'avais tout pour être heureuse. Je n'avais pas de problèmes matériels, je n'avais pas subi de maltraitances et tout allait bien à l'école. J'ai beaucoup entendu « Tu as tout pour être heureuse. » Je peux vous dire que c'est particulièrement peu aidant d'entendre cela quand on n'est PAS heureuse.

Ceci augmentait la difficulté de savoir quoi faire. J'avais tout et je n'étais pas heureuse. J'ai entamé une psychothérapie. 30 ans plus tard, le constat est le suivant : j'ai passé à peu près 15 ans en thérapie et j'ai exploré à peu près tous les outils, toutes les approches, tous les enseignements. Je peux honnêtement vous dire que j'ai trouvé un niveau de paix et de satisfaction dont je n'avais pas idée il y a 30 ans.

Je vous guide

Ce livre ne propose pas de thérapie, ne vous méprenez pas, même si je suis bien thérapeute, mais j'ai bien l'intention de vous guider dans des activités et des réflexions profondes qui vous permettront de faire des choix personnels, de choisir des comportements nouveaux et de découvrir ce qui produit l'effet que vous recherchez.

Je n'insisterai jamais assez sur le fait que vous pouvez lire ce livre autant de fois que vous le souhaitez, mais vous verrez les changements espérés uniquement si vous mettez en place de nouveaux comportements.

Dans les pages qui suivent, je vais vous suggérer des actions à essayer. *FAITES-LES !* Je ne promets pas que tout fonctionnera pour tout le monde ni que ce sera facile. En revanche, je vous garantis que si vous n'essayez rien de nouveau, rien ne changera.

Doutes

Vous pouvez bien sûr avoir des doutes : vous pensez peut-être que ceci est un leurre de plus, encore des promesses sans valeur. Vous êtes en droit de penser que cela ne peut pas être aussi simple.

Tout ce que je vous demande, c'est de me laisser une chance. Ce que je vous propose dans ce livre est une collection d'actions possibles qui ont été abondamment vérifiées, certaines à travers de nombreuses études scientifiques et d'autres par leur caractère intemporel. J'ai aussi personnellement expérimenté tout ce que je vous propose.

- Demande #1 : Je vous ferai quelques demandes, dont la première est de suspendre votre jugement tant que vous n'avez pas essayé ce que je vous suggère. Je vous demande donc de m'accorder votre ouverture d'esprit pour la durée de notre parcours partagé dans ce livre.

Curiosité

L'ouverture d'esprit s'enracine dans la curiosité. Revenez à pourquoi vous lisez ce livre. Comment cela serait-il d'obtenir les résultats auxquels vous aspirez ? Que ressentiriez-vous ? Que se passerait-il si vous mettiez effectivement en place de nouveaux comportements ?

Je vous invite à être curieux. Soyez curieux de ce que pourriez découvrir ; curieux des ressources que vous pourriez trouver, en vous, dont vous ne soupçonniez pas l'existence, et curieux de comment votre vie pourrait changer.

Vous êtes-vous déjà demandé, en voyant quelqu'un, ce que cela vous ferait d'être cette personne? Mon objectif est que vous transformiez votre vie de manière à faire l'expérience d'une autre version de vous-même.

Dans le deuxième chapitre, vous explorerez le prochain ingrédient de votre état d'esprit, son carburant : l'engagement.

Chapitre 2

L'ENGAGEMENT

Il est important pour ce parcours que vous « travailliez » à vous connaître encore mieux. Quand je vous pose une question, prenez le temps d'y penser. Fermez les yeux, et laissez votre esprit s'emparer de la question. Pour commencer, je vous invite à penser à votre rapport à l'engagement, à vos réactions habituelles face à celui-ci.

L'engagement a-t-il peu de valeur pour vous ? Vous engagez-vous à la légère, vivant ensuite comme si rien n'avait changé ? Ou prenez-vous vos engagements au sérieux plus que tout ? Mettez-vous tout le reste de côté pour être sûr·e de respecter votre engagement ?

L'engagement est-il facile ou difficile pour vous ?

Pouvez-vous penser à quelques exemples d'engagements que vous avez tenus et vous en remémorer au moins deux ou trois ? Pensez à comment vous les avez tenus, si c'était facile ou difficile, et comment vous vous y êtes pris·e lorsque c'était difficile.

Maintenant, pouvez-vous penser à quelques fois où vous n'avez pas respecté vos engagements ? Vous souvenez-vous de ce qui s'est passé ? Y a-t-il eu un incident ou était-ce un simple cas de négligence, avez-vous oublié, n'avez-vous pas fait suffisamment attention ?

Changer ses habitudes est un exercice difficile. Une habitude est un comportement devenu automatique : pour le changer, nous devrons utiliser différentes stratégies. Dans ce chapitre, je vous encourage à élargir votre conscience de votre propre rapport à l'engagement, juste pour connaître votre point de départ.

> « La plupart des échecs ne sont pas dus à un manque de désir, mais à un manque d'engagement. »
> – Vince Lombardi

Pour vous aider à honorer vos engagements, vous avez un allié précieux : la volonté. Explorons un peu son fonctionnement.

Tout d'abord, comment est votre volonté ? Arrivez-vous à vous forcer à faire des choses que vous n'avez pas envie de faire sur le moment, tout en sachant que vous seriez content·e plus tard de les avoir faites ? Ou bien trouvez-vous difficile de faire des choses qui ne sont pas attrayantes à l'instant ?

Si vous souhaitez un livre entier sur la volonté, je peux vous recommander *L'instinct de volonté* de Kelly McGonigal. Ce que je présente ici est une version très condensée de ce livre. En résumé, les ingrédients de la volonté se rangent en cinq catégories.

Premièrement, il y a la physiologie de l'engagement. Tous les défis de volonté seront plus faciles si vous :

- dormez suffisamment

- mangez sainement

- faites du sport

- méditez

Paradoxalement, nous pensons habituellement que ces choses requièrent de la volonté alors qu'en réalité elles soutiennent notre volonté mieux que tout.

Avez-vous un souvenir d'être sorti·e et d'avoir trop mangé ou trop bu, consommé trop de sucre ou fait n'importe quel excès alimentaire ? Peut-être que vous avez ensuite moins bien dormi et que vous n'avez pas trouvé la motivation pour faire du sport le lendemain matin, ou pour travailler à ce projet qui vous tient à cœur depuis plusieurs semaines.

Inversement, imaginez que vous avez passé une bonne soirée, avec une quantité raisonnable de nourriture de qualité ; vous avez passé une bonne nuit, vous vous êtes réveillé·e prêt·e à aller courir et à progresser vers vos objectifs.

Ceci devrait vous convaincre que la physiologie de l'engagement est un concept qui tient la route et que vous devriez utiliser la volonté que vous avez pour dormir assez, manger sainement, faire du sport et méditer, puisque ce sont ces choses-là qui amélioreront votre volonté pour tout le reste. J'y reviendrai dans la partie II.

La deuxième chose que vous pouvez faire pour promouvoir votre volonté est d'être bienveillant·e envers vous-même si et quand vous échouez. Je reviendrai à l'auto-compassion dans le chapitre 7, mais pour le moment considérez juste que vous réussirez mieux ce que vous entreprenez si vous êtes bienveillant·e avec vous-même en cas d'échec.

Le troisième ingrédient de la volonté est de vous visualiser dans le futur. Ceci vous aidera à réaliser plus profondément que votre être-à-venir est connecté·e à votre être-au-présent, avec comme conséquence que vous vous intéresserez à ce qui arrive à cette personne.

Le quatrième élément de la volonté est de penser à comment vous pourriez échouer et de planifier comment vous pourriez vous remettre en mouvement. Ceci est plus efficace que de surveiller vos réussites.

Plusieurs études montrent que lorsqu'on attire l'attention des personnes sur leurs progrès dans leur poursuite d'un objectif, elles ont beaucoup plus tendance à faire ensuite quelque chose de contraire à leur objectif. Par exemple, des personnes au régime mangent plus de gâteaux à la sortie de l'étude si on les a flattées sur leurs progrès. Pour contrer ce phénomène, il est utile de penser à comment on pourrait échouer, le pessimisme défensif peut vous y aider. Il s'agit d'une utilisation stratégique du pessimisme, pour vous aider à garder votre cap, articulée autour des questions suivantes :

1. Quel est mon objectif ?

2. Quel serait le résultat idéal ?

3. Que vais-je faire pour atteindre cet objectif ?

4. Quel est mon plus grand obstacle ?

5. Où et quand cet obstacle risque-t-il de se présenter ?

6. Que puis-je mettre en place pour éviter cet obstacle ?

7. Que ferai-je, spécifiquement, pour retrouver mon cap si je rencontre cet obstacle ?

Le cinquième et dernier élément de la volonté est la capacité à « tolérer la tentation », ou encore supporter l'inconfort face à la tentation de ne pas respecter votre engagement. Un exemple simple de cette capacité est de retenir sa respiration un petit peu plus longtemps que ce qui est spontanément confortable. Votre capacité à retenir votre respiration pendant 15 secondes, même si la tentation est forte d'expirer, est reliée à votre capacité à aller au bout de vos objectifs.

En résumé, voici les règles de la volonté :

1. Cultivez votre physiologie de la volonté (méditation, sommeil, sport, alimentation)

2. Pardonnez-vous (la prochaine fois que votre volonté vous fait défaut)

3. Apprivoisez votre être-à-venir (pensez à l'avenir d'une manière palpable)

4. Anticipez vos échecs (même si c'est super sympa d'imaginer une réussite, intéressez-vous à votre manière propre d'échouer) et prévoyez votre réaction

5. Tolérez la tentation (c'est ce qui fait que cet objectif n'est pas trivial)

Vous avez maintenant des clés pour cultiver votre volonté. Malgré cela, lorsque vous prenez un engagement, c'est envers vous-même que vous le prenez. Malheureusement, votre esprit a parfois une manière sournoise d'accepter des choses qui ne sont pas dans votre meilleur intérêt.

Il peut donc être utile d'avoir un binôme d'engagement. Quelqu'un qui sait ce que vous cherchez à accomplir et qui vous aide à rester aligné·e avec l'objectif que vous avez choisi. C'est exactement ce que je fais pour mes client·e·s dans mon programme **L'Oasis « Vivez Votre Bonheur AUTHENTIQUE. »**

Le moment est venu de vous poser une question difficile. Pouvez-vous vous engager à essayer ce que je vous propose dans ce livre ? Combien de temps par jour pouvez-vous consacrer à cheminer vers votre bonheur ?

S'il vous plaît, pensez-y !

VOTRE BONHEUR PAS À PAS !

C'est un projet à moyen ou long terme, donc il est important de commencer par vérifier votre engagement. Vous devrez également penser à comment soutenir votre engagement pour vraiment obtenir des résultats. Je n'ai pas écrit ce livre pour qu'il prenne la poussière sur une de vos étagères ; l'objectif de ce livre est de vous aider à amener des changements positifs et pérennes dans votre vie. Pour cela, il faut aussi que vous vous engagiez à en faire quelque chose.

- Demande #2 : Offrez-vous une vraie chance.

Le prochain chapitre vous invite à explorer l'impact de vos croyances sur votre état d'esprit. Il se pourrait bien que vous ayez des croyances plus limitantes que ce que vous imaginez.

La collaboration avec d'autres pourrait vous aider à cultiver un état d'esprit soutenant. Je vous invite à rejoindre le groupe Facebook consacré au livre.

Pour ce faire, allez sur www.facebook.com. Si vous n'avez pas encore de compte, vous devrez en créer un et ensuite recherchez la phrase « Votre bonheur pas à pas ! » Vous devriez trouver le groupe. Cliquez sur le bouton « +1 Rejoindre » et je serai ravie de vous souhaiter la bienvenue.

Chapitre 3

LES CROYANCES

Maintenant que vous avez accès à votre motivation et à votre engagement, il est temps d'explorer vos croyances. Je ne parle pas ici de croyances religieuses, mais bien de croyances sur le monde, les personnes et les situations. Ces croyances peuvent être inconscientes, ou tout au moins préconscientes.

Par exemple, si personne dans votre famille n'est allé à l'université depuis plusieurs générations, vous pensez peut-être que vous n'en êtes pas capable, et vous ne remettez peut-être même pas cette croyance en question, au prix possible d'un renoncement à vos rêves et aspirations.

Inversement, si votre famille est pleine de personnes bardées de diplômes, vous pensez peut-être que la réussite des études est dans votre ADN. Vous pourriez y aller les mains dans les poches, puisque l'ADN est là, être médiocre par manque d'effort et devenir la

« brebis galeuse » de la famille. Dans une telle famille, vous avez peut-être envie de devenir artiste, mais votre croyance implicite que vous « devriez » avoir un goût pour les choses intellectuelles pourrait saboter vos projets, malgré votre passion et votre compétence.

> « Vos croyances deviennent vos pensées,
> vos pensées deviennent vos mots,
> vos mots deviennent vos actions,
> vos actions deviennent vos habitudes,
> vos habitudes deviennent vos valeurs,
> vos valeurs deviennent votre destinée. »
> – Mahatma Gandhi

Vous avez ouvert ce livre avec l'intention de changer quelque chose dans votre vie. La première question à vous poser est : vous en croyez-vous capable ? Pensez-vous pouvoir améliorer votre qualité de vie de l'intérieur ? Croyez-vous, comme Mahatma Gandhi, que votre destinée découle de vos croyances ?

Si cette idée vous semble nouvelle, elle peut paraître dingue ! J'ai moi-même mis longtemps à accepter l'idée que mes croyances puissent créer ma réalité et pas l'inverse. Dans une certaine mesure, cela commence par un acte de foi. Si vous ne vous y sentez pas encore prêt.e, je vous demande encore un peu de patience.

- Demande #3 : Merci de suspendre votre jugement pour le moment.

Dans le chapitre 1, vous avez examiné vos objectifs liés à ce livre. Maintenant, je vous invite à changer de regard sur vos croyances. Si vous pensez aux changements que vous souhaitez incorporer dans votre vie, quelles sont les croyances qui pourraient vous soutenir au mieux ? Restez un peu avec cette question. Je vous suggère fortement d'inclure quelque chose comme « j'ai ce qu'il faut pour améliorer ma qualité de vie ».

Si cet exercice est nouveau pour vous, il vous sera peut-être plus aisé d'imaginer quelqu'un qui a déjà ce à quoi vous aspirez. Quelles pourraient être ses croyances ? Essayez de vous mettre dans la peau de quelqu'un qui a déjà effectué les changements auxquels vous aspirez.

VOTRE BONHEUR PAS À PAS !

Prenez un moment pour formuler et écrire certaines des croyances qui pourraient soutenir la vie dont vous rêvez, ici, dans votre guide ou dans votre carnet :

> « Les pensées
> deviennent des choses...
> Choisissez les bonnes ! »
> – Mike Dooley

Pour illustrer ceci, je vous invite à considérer l'histoire bien connue de l'acteur Jim Carrey. Il a grandi dans une famille pauvre, et tout portait à croire qu'il suivrait ses parents dans la pauvreté. Mais Jim a toujours eu beaucoup d'espoir pour son avenir.

En 1990, Jim Carrey était un jeune artiste en difficulté, qui tentait de percer à Los Angeles. Ce soir-là, sa vieille Toyota cabossée l'emmena en haut d'une colline. Observant la ville de là-haut, rêvant à son avenir, bien que fauché, il s'écrivit à lui-même un chèque de 10 millions de dollars « pour son travail d'acteur », à la date de Thanksgiving 1995 (le 4e jeudi de novembre). Il rangea son chèque dans son portefeuille – et on connaît la suite. En 1995, Jim Carrey avait déjà connu un énorme succès et gagnait jusqu'à 20 millions de dollars par film.

Vous vous dites peut-être que c'est de la magie. Je vous assure que non, mais cela peut y ressembler si trois ingrédients sont réunis :

1. Un objectif : vous vous sentez aligné, en accord avec vos valeurs profondes, congruent, et confiant dans votre chemin.

2. De l'engagement : vous êtes engagé et vous avez mis en place une manière d'honorer cet engagement.

3. Un travail soutenu : vous pourchassez vos objectifs ; vous ne restez pas assis à attendre qu'ils se réalisent.

Vous avez peut-être entendu parler de la loi d'attraction. Elle ne dit pas « Installez-vous confortablement, visualisez vos rêves et ils apparaîtront ! » La loi d'attraction vous invite à être très clair·e sur ce que vous voulez, à vous engager à l'obtenir, et, ensuite, à orienter votre vie dans cette direction. C'est seulement après tout ceci que les choses commencent à évoluer.

Si vous avez un esprit scientifique et vous trouvez ceci un peu difficile à avaler, considérez les biais cognitifs étudiés par les psychologues. Notre cerveau humain traite tellement d'informations qu'il utilise des heuristiques pour prendre des décisions, ce qui conduit à des biais. Une de ces heuristiques nous amène à chercher des preuves qui confirment notre vision actuelle du monde.

C'est ce qu'on appelle le biais de confirmation. En gros, nous n'aimons pas quand nos croyances sont en contradiction avec nos circonstances. Par conséquent, nous avons l'habitude, principalement inconsciente, de prendre en compte les perspectives qui confirment nos points de vue, tout en ignorant ou en rejetant les opinions, si valables soient-elles, qui menacent notre vision du monde.

Donc, si vous pensez que le monde est un endroit désagréable et que rien n'est plus possible de nos jours, vous serez attiré·e par l'abondante couverture médiatique de toutes les tragédies se déroulant actuellement aux quatre coins du monde. Si au contraire vous pensez notre monde plein d'opportunités, vous pouvez également trouver une abondance d'histoires vraies dans lesquelles des personnes posent des actions qui améliorent la vie de centaines ou de milliers d'autres personnes.

La loi d'attraction fonctionne comme ceci aussi. Vos croyances orientent votre attention et votre expérience de vie. Ceci change votre manière d'agir, elle-même fonction de vos attentes. Ainsi, votre expérience de vie sera différente. Il devient facile de voir comment vos croyances peuvent avoir un impact profond sur votre vie.

Je peux illustrer ceci dans ma propre vie. J'ai longtemps porté la croyance que je ne pouvais pas vraiment être aimée. C'était très douloureux. Chaque relation proche que j'avais confirmait d'une certaine manière cette croyance.

Deux à trois décennies plus tard, après 15 ans de thérapie, d'apprentissage de nouvelles façons d'être et de faire, je n'ai plus ce problème. Cela n'a pas été facile, et cela n'a certainement pas été rapide. Je pense que si j'avais pu lire ce livre à l'époque, cela m'aurait fait gagner beaucoup de temps !

Un bon point de départ pour faire évoluer vos croyances est d'utiliser les affirmations. Ce sont des déclarations courtes et puissantes qui vous invitent à être consciemment aux commandes de vos pensées. La plupart de nos pensées sont inconscientes, et des études montrent qu'à peu près 80 % de nos pensées sont négatives. Les affirmations sont donc vos pensées positives conscientes.

Les affirmations capturent quelque chose que vous souhaitez inclure dans votre vie et leur rôle est de vous soutenir. Nous lisons des affirmations pour confirmer ce à quoi nous sommes engagés, nous les lisons pour que notre subconscient les entende et, peu à peu, nous les incorporons dans nos croyances, et elles favorisent et soutiennent notre état d'esprit.

Je vous suggère pour le moment de choisir des affirmations qui reflètent les croyances que vous avez identifiées ci-dessus, celles qui soutiennent les objectifs que vous avez pour ce livre. Essayez de formuler deux ou trois affirmations avant d'aller plus loin.

- Affirmation 1 :

- Affirmation 2 :

- Affirmation 3 :

Une de mes affirmations est « Je m'engage à m'ouvrir à recevoir l'amour qu'il me faut. » Comme je vous l'ai déjà dit, j'ai longtemps cru qu'on ne pouvait pas m'aimer. Aujourd'hui, je refuse cette croyance et je mets des choses en place pour la changer.

Il est important, lorsque vous lisez une affirmation, d'utiliser votre imagination pour que cela vous semble vrai. Si je lis l'affirmation ci-dessus et qu'une petite voix me dit « ouais ouais, c'est ça... naïve la fille ! » cela va complètement à l'encontre du but recherché. Nous reviendrons aux affirmations dans la partie III, lorsque nous aborderons les routines du matin et du soir.

Maintenant que vous avez exploré l'impact de vos croyances sur votre vie et que vous avez commencé à choisir consciemment vos croyances, passons à la persévérance, la prochaine étape pour créer la vie que vous souhaitez.

Chapitre 4

LA PERSÉVÉRANCE

Même lorsque vous avez la motivation, l'engagement et des croyances ajustées, des difficultés peuvent survenir. La question est alors « Comment continuer lorsque les choses se gâtent ? » Et la réponse est : « Avec de la persévérance ! »

Si vous avez un objectif, vous avez probablement une stratégie pour l'atteindre. Vous pouvez néanmoins avoir un coup de fatigue et manquer d'énergie pour faire ce que vous avez à faire. D'autres opportunités peuvent se présenter, plus passionnantes, plus urgentes, plus attrayantes, plus faciles, la liste est longue. Vous pouvez être distrait par les nouvelles à la télévision, par le bruit des enfants, par le téléphone qui sonne. Vous êtes vulnérable à tout ceci si vos priorités ne sont pas établies de façon adéquate.

Parce que le découragement *SERA* au rendez-vous à un moment ou un autre, il sera alors difficile de changer vos habitudes, d'adopter de nouveaux comportements. Vous devez mettre en place un système qui vous permettra de gérer ces difficultés, lorsqu'elles surviendront.

Je vais commencer par une idée quelque peu contre-intuitive, qui renvoie à un point de vue clé des philosophes stoïciens: parfois, le meilleur moyen de faire face à l'incertitude liée à l'avenir est de se concentrer non pas sur le meilleur cas possible, mais bien sur le pire.

Selon les philosophes stoïciens, si vous craignez une certaine situation, vous feriez mieux de l'essayer ; ainsi, par exemple, si vous craignez de perdre votre fortune, Sénèque vous conseillerait de vivre dans la pauvreté, tout en vous rappelant que c'est ce que vous craigniez.

Sans aller jusque-là, le pessimisme défensif est l'un des meilleurs moyens de vous empêcher de dérailler ; j'ai détaillé le pessimisme défensif au chapitre 2. C'est une excellente technique pour vous aider à ne pas abandonner la poursuite de vos objectifs.

Pour augmenter vos chances d'atteindre vos objectifs, pensez à ce qui pourrait aller mal et planifiez dès maintenant ce que vous pourrez mettre en place pour récupérer ; de cette manière, *lorsque* vous déraillerez, vous pourrez plus facilement vous remettre sur les rails.

Pour la persévérance, tout comme pour la volonté, il est également essentiel de vous traiter avec compassion au cas où vous vous écarteriez du chemin menant à vos objectifs.

Je parlerai d'auto-compassion plus loin, mais sachez déjà qu'il est largement prouvé que l'autoflagellation est bien moins efficace que l'auto-compassion. L'important est de rester concentré·e sur vos objectifs et de vous pardonner vos écarts occasionnels.

De plus, le fait d'engager votre responsabilité envers quelqu'un d'autre vous aidera à garder le cap. Votre engagement envers vous-même est bien sûr très important, mais quand les choses deviennent difficiles, c'est aussi le premier à lâcher.

Je vous engage donc fortement à trouver un binôme, quelqu'un qui est également en train de poursuivre un objectif ou de changer ses habitudes, afin de vous soutenir mutuellement. Ensuite, partagez votre engagement sur ce parcours avec d'autres. Plus vous partagerez votre intention, plus les gens attendront que vous vous y teniez, et ceci renforcera votre prise de responsabilités. Vous pouvez aussi me suivre sur instagram (@soniaweyers.eudokima) pour un boost régulier de motivation, d'inspiration de questions qui vous feront réfléchir.

VOTRE BONHEUR PAS À PAS !

De quoi avez-*VOUS* besoin lorsque les choses deviennent difficiles ? Prenez un peu de temps maintenant et pensez à comment une personne bien intentionnée pourrait vous soutenir pour vous motiver à suivre votre objectif.

Vos besoins :

N'hésitez pas à aller chercher du soutien. Trouvez quelqu'un de fiable dans votre environnement et dites-lui de quoi vous avez besoin. Vous pourriez être surpris de recevoir précisément le soutien qu'il vous faut.

Plus que toute autre chose, pour vous aider à persévérer, il est important de vous remémorer votre « pourquoi », vous remémorer votre motivation : ce que vous souhaitez, pourquoi vous le souhaitez et pourquoi maintenant. Si vous avez choisi un « pour-quoi » qui compte pour vous, il pourrait bien suffire à vous motiver !

Les conseils suivants peuvent vous aider à vous relancer si vous avez légèrement déraillé ou si vous êtes juste tenté·e de vous écarter de votre plan.

Premièrement, choisissez une action qui améliore votre humeur, par exemple faire exprès de rire devant un miroir ou faire quelques *jumping jacks* (sauts avec écarts de jambes).

Je vous suggère également une chanson énergisante, une chanson qui vous donne envie de bouger, de danser, de vous mettre en mouvement. Mettez cette chanson sur votre téléphone, votre MP3, ce que vous avez le plus de chances d'avoir à portée de main lorsque la motivation vous fait défaut. Si vous l'avez bien choisie, elle vous remotivera.

Deuxièmement, commencez petit. Mettez une minuterie pour 5 minutes et faites l'activité que vous voulez incorporer dans votre vie. Il y a des chances que vous ayez envie de continuer une fois que vous aurez commencé, mais même si ce n'est pas le cas, 5 minutes c'est beaucoup mieux que rien !

Enfin, si vous avez un modèle, quelqu'un qui vous inspire, pensez à ce que cette personne ferait dans votre situation, et voyez si vous pouvez faire la même chose.

VOTRE BONHEUR PAS À PAS !

Vous venez d'explorer différentes façons de retrouver de la persévérance. Lesquelles vous parlent ? Dans le prochain chapitre, je rassemble les éléments constitutifs d'un état d'esprit gagnant, que nous avons parcourus dans les quatre chapitres précédents. Ceci vous lancera dans l'exploration des améliorations possibles dans votre vie.

Chapitre 5

CRÉER VOTRE AVENIR

Vous avez maintenant exploré votre état d'esprit, un ingrédient à la fois : trouver la motivation, vous engager, identifier vos croyances et trouver de la persévérance. Ensemble, ils vous donnent les éléments d'un état d'esprit gagnant.

En développant cet état d'esprit, vous avez identifié pourquoi vous êtes sur ce parcours, vous avez éclairé votre engagement à cheminer, vous avez clarifié un ensemble de croyances qui soutiennent la vie que vous souhaitez créer et vous avez découvert quelques outils pour trouver la persévérance quand cela se complique.

Avec tout ça, vous êtes maintenant prêt·e à aborder la partie II de ce livre, qui parcourt les différents domaines prioritaires pour changer les choses. Mon objectif est que vous trouviez dans ce livre des clés pour devenir une meilleure version de vous-même : vous vivrez alors une vie satisfaisante.

VOTRE BONHEUR PAS À PAS !

Je vous invite à donner à cet objectif un sens personnel ! Je me contente de vous montrer différentes choses à essayer et je suis 100 % convaincue que vous trouverez parmi elles un moyen de considérablement améliorer votre qualité de vie.

Je vais vous guider dans l'exploration de votre santé, à la fois physique et émotionnelle ; de vos relations dans ce monde ; de votre spiritualité, votre rapport au sens de la vie, et je vais vous montrer comment vous connecter au sentiment de faire partie de quelque chose de plus grand.

Je couvrirai un domaine à la fois. Dans chaque domaine et sous-domaine, je vous donnerai des informations. Je vous inviterai par moments à essayer une activité ou à réfléchir à vos souhaits profonds pour votre vie. Dans chaque domaine, vous explorerez et expérimenterez différentes choses qui vous permettront de clarifier ce que *VOUS* voulez dans ce domaine, pour vivre pleinement votre vie.

À la fin de la partie II, vous aurez probablement une meilleure idée du ou des domaines qui vous intéressent. Dans la partie III, vous pourrez choisir les activités pour progresser dans ces domaines et améliorer votre expérience de vie.

J'insiste encore une fois sur l'importance de réellement essayer les choses. Lire des livres de développement personnel ne développe *PAS* les gens. Ce qui vous aidera à évoluer c'est d'essayer différents comportements et de faire de nouvelles expériences. Lire peut changer votre manière de penser le monde, mais c'est l'expérience qui élargit votre idée de ce qui est possible.

Lorsque vous aurez essayé un certain nombre de nouvelles activités, votre état d'esprit vous aidera à décider lesquelles vous souhaitez garder. Vous pourrez alors utiliser les compétences que vous venez de développer pour incorporer dans votre vie ces comportements qui soutiennent l'amélioration de votre vie.

Je vous recommande toutefois fortement d'essayer une chose à la fois et de ne pas tenter d'incorporer toutes mes suggestions dans votre quotidien en une fois. Si vous donnez six nouveaux aliments en même temps à un bébé qui commence à diversifier son alimentation, et qu'il a une réaction cutanée, vous ne saurez pas quels aliments lui conviennent ni d'où vient la réaction.

Si vous tentez de remanier votre vie tout entière en une fois, vous êtes sûr·e d'avoir une indigestion ! La conséquence la plus probable est que vous renonciez et reveniez à votre ancienne manière de faire. Ce n'est *PAS* pour cela que vous lisez ce livre ; donc dosez vos efforts et adaptez un rythme qui vous convient.

VOTRE BONHEUR PAS À PAS !

Essayez les activités que je suggère, voyez si elles vous plaisent, voyez si vous souhaitez les incorporer dans votre quotidien, notez celles que vous voulez garder et avancez prudemment. Pour l'amour du ciel, ne faites pas une overdose de bonheur !

Avant de vous lancer dans la partie II, je vous suggère de vous remémorer pourquoi vous lisez ce livre. Ceci est votre motivation ultime, votre objectif. Notez-le ici et je vous invite à le relire chaque fois que vous reprenez votre lecture.

Votre objectif :

Le fait d'avoir votre objectif clairement en tête vous aidera dans votre exploration. Si vous êtes trop stressé·e, vous serez sans doute attiré·e par les pratiques contemplatives qui peuvent aider à vous apaiser. Si vous êtes trop fatigué·e, vous pourrez vous concentrer sur vos habitudes de sommeil. Si c'est votre alimentation qui ne vous convient pas, vous vous intéresserez plus à l'exploration de vos habitudes alimentaires.

Vous pourriez être surpris·e par l'effet d'un petit changement. Aussi, je vous recommande d'être ouvert·e aux bénéfices inattendus de vos changements de comportements. Comme je le soulignerai au fur et à mesure de nos avancées, je vous recommande vivement de tout essayer au moins une fois, ou pendant au moins 5 minutes. Commencez petit, mais soyez un explorateur inlassable.

À mesure que vous incorporerez de nouveaux comportements, vous verrez des changements que d'autres pourraient également remarquer. Une des plus belles récompenses d'un travail sur soi est d'inspirer quelqu'un à améliorer sa propre vie.

Ce livre présente des outils pour vous aider à cheminer vers votre bonheur, quoi qu'il arrive, quelles que soient vos circonstances. La vie peut se montrer imprévisible, et vous aurez parfois des coups durs à surmonter, c'est presque certain. Mais de se sentir mal, d'être anxieux ou en colère n'arrange pas la situation extérieure et ne fait que vous rendre malheureux·se à l'intérieur... Dans ce livre, je vous invite à développer des compétences qui vous permettront de prendre la vie comme elle vient, de traverser les épreuves plus sereinement et de goûter plus pleinement les bons moments.

En avançant dans les domaines prioritaires, vous pourriez vous rendre compte que votre situation mérite l'intervention d'un spécialiste. Vous pourriez par exemple décider de consulter un nutritionniste ou un médecin du sommeil pour vos besoins spécifiques. Ceci étant dit, je partage dans ce qui suit les recommandations scientifiquement étayées qui m'ont aidée, ainsi que de nombreuses autres personnes, au fil de nos parcours. Je peux être votre spécialiste bonheur ☺ !

Avant de nous lancer dans la partie II et les domaines prioritaires, je voudrais attirer votre attention sur le fait que sans un bon état d'esprit, vous ne pouvez pas être ouvert·e à plus de bonheur, ni à aucun changement en fait.

L'ouverture est la première étape pour accéder à plus de bonheur et c'est plus subtil que ça en a l'air. Personne n'admettra spontanément ne pas être ouvert·e à plus de bonheur et pourtant, ça arrive plus souvent que vous ne le pensez, de façons insidieuses.

C'est pour ça que j'ai créé une méditation spécialement pour vous aider à véritablement vous ouvrir à la possibilité de Votre Bonheur AUTHENTIQUE. Je vous offre cette méditation, suivez simplement ce lien :

https://eudokima.com/méditation-ouverture

Partie II

DOMAINES PRIORITAIRES

Dans la première partie de ce livre, vous avez mis en place l'état d'esprit nécessaire pour démarrer votre cheminement d'amélioration de votre satisfaction de vie. Dans cette seconde partie, vous explorerez des domaines prioritaires pour la recherche de plus de sens, de paix, de joie et de qualité de vie.

Ces domaines prioritaires sont votre santé physique, votre santé émotionnelle, vos relations, ainsi que votre vie spirituelle et votre rapport au sens. Cette partie passe en revue un certain nombre de choses à prendre en compte dans ces quatre domaines de votre vie.

À mesure que vous avancez, notez les endroits où vous sentez un besoin ou une envie de changement. Lorsque nous arriverons à la partie III, dans laquelle j'aborderai les actions à mener, vous saurez déjà quelles actions vous conviennent a priori le mieux. Vous pouvez bien sûr mener vos propres recherches dans les domaines qui vous intéressent : bien que mon objectif soit de ne rien négliger, chaque parcours est différent.

N'ignorez pas ces domaines de vie ou vous risqueriez de vivre votre vie sur le mode autopilote, un peu comme un robot. C'est un obstacle majeur à Votre Bonheur AUTHENTIQUE ! De mon expérience avec mes client·e·s, j'ai extrait 5 tels obstacles, que j'ai mis dans un guide que vous pouvez télécharger ici :

https://eudokima.com/5-obstacles

Dans cette deuxième partie, le chapitre 6 traite de votre santé physique ; le chapitre 7 aborde votre santé émotionnelle ; le chapitre 8 parle de vos relations ; enfin, le chapitre 9 est consacré à la spiritualité et au sens.

« Un investissement dans la connaissance
paie le meilleur intérêt. »
– Benjamin Franklin

« La connaissance a du pouvoir.
L'information est libératrice.
L'éducation est la prémisse du progrès,
dans toute société,
dans chaque famille. »
– Kofi Annan

Chapitre 6

VOTRE SANTÉ PHYSIQUE

« Garder un corps en bonne santé est
une expression de gratitude pour tout le
cosmos – les arbres, les nuages, tout. »
– Thich Nhat Hanh

« Lorsque la santé manque, la sagesse
ne peut se révéler, la force ne peut lutter,
la richesse perd son utilité, et l'intelligence
ne peut être appliquée. »
– Hérophile de Chalcédoine

« Ceux qui considèrent qu'ils
n'ont pas le temps pour faire du
sport devront tôt ou tard trouver
du temps pour être malade. »
– Edward Stanley

« Si une chose est sacrée,
le corps humain est sacré. »
– Walt Whitman

« La santé est la première richesse. »
– Ralph Waldo Emerson

Soigner votre santé

Votre santé physique est la pierre angulaire de tout ce
que vous entreprenez ; elle est d'une importance
capitale. Si vous êtes en mauvaise forme physique, que
vous souffriez d'une maladie chronique, que vous ayez
perdu la forme ou que vous luttiez contre des
problèmes de poids, cela rend probablement tout le
reste plus difficile.

Inversement, une bonne santé libère votre énergie et vos ressources qui sinon seraient mobilisées pour soigner un problème de santé. C'est une évidence! Ce qui l'est moins, c'est pourquoi tant de personnes continuent à faire de mauvais choix pour leur santé, même si elles comprennent ce principe.

Pour certaines personnes, cela provient d'un manque d'information – elles ne savent pas comment faire. Pour d'autres, cela peut être un manque de motivation – elles ne s'en préoccupent pas. Pour d'autres encore, il peut s'agir d'un manque de volonté – elles ne peuvent pas s'en empêcher.

Et vous, qu'est-ce qui vous retient de cultiver une excellente santé ? Est-ce un manque d'information ? de moti-vation ? de volonté ? La réponse à cette question est essentielle pour changer de cap.

Au fil de votre lecture, je vous engage fortement à penser à différentes façons d'améliorer votre santé physique.

Je poursuis depuis plusieurs années une démarche personnelle pour cultiver une meilleure santé, avec de bons résultats. J'ai plus de 50 ans, j'ai 4 enfants et je n'ai jamais été en meilleure forme.

Les recherches que j'ai menées et les stratégies que j'ai mises en place me conviennent vraiment et donc, parmi les pistes que je présente plus loin, je vous invite à essayer toutes celles que vous souhaitez.

1 : La nourriture

Mes sources préférées pour les conseils alimentaires sont deux sites américains. Celui du Dr Andrew Weil, www.drweil.com, et celui d'Isabel De Los Rios, www.beyonddiet.com. Pour des conseils en français, je vous recommande www.sante-et-nutrition.com, le site d'Anthony Berthou.

La littérature sur la nourriture, quoi manger, quoi éviter, le marketing, la diversité des options, l'attractivité de la malbouffe, tout ça est assez envahissant si on ne sait pas précisément ce que l'on cherche. Voici quelques principes que j'ai retirés de mes recherches personnelles.

– Nous sommes ce que nous mangeons : ce que nous mettons dans notre corps détermine dans une large mesure la façon dont celui-ci peut fonctionner, comment il peut extraire les nutriments pour nos cellules et protéger nos organes. Je vous invite à regarder tout ce que vous mangez pendant une semaine et à répondre à une seule question : est-ce que je fais de mon mieux pour prendre soin de mon corps ? Si la réponse est « non », alors commencez à envisager ce que vous pouvez changer. Je vous donne quelques suggestions.

– <u>Les aliments transformés : peut mieux faire.</u> Lorsque des aliments naturels sont transformés et qu'on y ajoute différents composants chimiques pour en modifier la couleur, le goût et/ou l'apparence, l'aliment résultant n'a que peu de points communs avec l'ingrédient original, ce qui est loin d'être anodin du point de vue de la nutrition.

Les plats préparés sont plus riches en graisses, en général pas les plus saines ; ils sont plus riches en sel et aussi en sucre.

La plupart des goûters ou en-cas commerciaux sont nutritionnellement vides. Vous êtes-vous déjà posé la question de comment ces chips s'entassent aussi nettement dans leurs boîtes cylindriques ? Et bien c'est parce qu'elles ne sont pas faites avec des pommes de terre entières, mais avec une pâte dont la pomme de terre n'est qu'un ingrédient parmi d'autres. Ainsi, comme je le dis à mes enfants, je vous suggère ceci :

Mangez de la nourriture qui se souvient d'où elle vient !

Qu'est-ce que je veux dire par là ? Je veux dire mangez de la nourriture qui n'a pas subi trop d'étapes de transformation. Je ne veux pas dire que le beurre est un problème parce qu'il vient du lait et a une forme différente. Je veux dire qu'il est préférable de manger le plus possible d'aliments composés d'un seul ingrédient, et de préparer vos repas vous-même.

Vous vous direz peut-être que vous n'avez pas le temps de faire tout cela. C'est possible, mais la maladie prend du temps aussi. Et il y a des façons de gagner du temps en ce qui concerne la nourriture. On peut préparer des grandes quantités et mettre plusieurs repas au congélateur, faire le repas de ce soir et le déjeuner de demain en même temps… Manger sainement ne prend pas forcément plus de temps : vous pouvez manger une poignée d'amandes et une pomme pour votre goûter plutôt qu'une barre chocolatée et un paquet de chips, par exemple.

– Manger moins de viande et plus de légumes : les avis sont partagés concernant les effets de la viande sur la santé et je ne prends pas position sur cette question. En revanche, l'impact environnemental de la viande n'est pas sujet à débat ; ceci n'est pas en lien direct avec la santé mais a tout de même son importance.

Pour des raisons environnementales, je réduis depuis quelque temps ma consommation de viande. Et pour des raisons de santé, j'évite la viande industrielle et j'achète ma viande auprès de sources locales fiables. De plus en plus de personnes sont végétariennes et la question de la viande est de plus en plus électrique. Je m'avance prudemment ici, mais je pointe néanmoins du doigt l'impact environnemental de l'industrie de la viande.

Manger beaucoup de fruits et légumes est clairement meilleur pour la santé que de manger des cochonneries ; cela tombe sous le sens ! La chose à surveiller, du point de vue de la santé, est de ne pas ingérer trop de pesticides et autres agents chimiques nocifs. Aussi, dans la mesure du possible, mangez préférablement des produits frais et bio.

Pour ce faire, les sources locales peuvent présenter un intérêt, selon votre localisation géographique : marchés de producteurs ou autres circuits courts.

En Europe, une jeune organisation nommée « La Ruche qui dit Oui » met en relation les consommateurs et les producteurs locaux (dans un rayon de 250 km en

France) par le biais d'un site internet. J'en viens personnellement à préférer les produits locaux aux produits « bio » venus de loin en avion.

Acheter sa nourriture localement implique d'accepter un choix plus limité. Les bananes et les avocats ne poussent pas en Ile de France, par exemple. Je trouve personnellement du sens à consommer localement, pour l'environnement, pour le contexte social et pour un rapport plus conscient à la santé.

Enfin, si vous ne deviez retenir qu'une seule chose de cette section, choisissez cette dernière recommandation.

– <u>Supprimez le sucre ajouté !</u> Cela ne sera pas facile, environ 80 % des aliments transformés contiennent des sucres ajoutés ! Le sucre active les mêmes circuits de récompense que l'héroïne ou la cocaïne, et, même s'il n'entraîne ni les mêmes effets ni la même dépendance, il crée tout de même une accoutumance.

Si votre objectif est d'être en bonne santé, vous feriez bien de trouver un moyen de renoncer aux aliments transformés hyper-sucrés. Le sucre est impliqué dans bon nombre de maladies, telles que l'excès de cholestérol, l'athérosclérose, le diabète, le syndrome métabolique, certaines affections cardiaques, l'obésité, les cancers du sein et du côlon.

Comme si ce n'était pas suffisant, on sait maintenant que les tumeurs cancéreuses adorent le sucre : le sucre est une friandise pour le cancer. Notre corps n'a vraiment pas besoin de sucre ajouté, le sucre présent naturellement – par exemple dans les fruits – lui suffit.

Le premier sucre à bannir est le sucre que vous buvez. Plusieurs études montrent que nos corps n'enregistrent pas autant les calories provenant de nos boissons que celles de notre nourriture. Donc si vous cherchez à perdre du poids, ceci pourrait suffire si vous avez l'habitude des boissons sucrées. Buvez de l'eau, des tisanes, du thé, même du café, mais éliminez tout le sucre buvable présent dans les sodas, jus de fruits et la plupart des boissons aromatisées.

Avez-vous envie de changer quelque chose à votre façon de vous alimenter ? Je vous invite tout d'abord à regarder de plus près les choix que vous faites actuellement concernant la nourriture.

Je vous suggère de poser ce livre et de prendre une dizaine de minutes pour réfléchir aux 3 questions suivantes.

1. Qu'est-ce que je mange vraiment ?

2. Mon alimentation soutient-elle ma santé ?

3. Quelles sont les 3 actions que je peux mettre en place dans la semaine à venir pour rendre mon alimentation plus saine ?

2 : Le sport

Cette section s'inspire de mes 27années de pratique. Je fais trois séances de sport par semaine, plus de 45 semaines par an et, étant curieuse de nature, j'ai fait des recherches sur les bénéfices du sport, pendant que je les ressentais.

Je vous conseille vivement de prendre conseil auprès d'un·e professionnel·le, mais a minima vérifiez auprès d'un médecin que vous ne présentez aucune contre-indication à la pratique sportive.

Personnellement, j'ai la chance de travailler avec un entraîneur à la salle que je fréquente. Je fais du renforcement musculaire. Une séance typique commence par une dizaine de minutes d'échauffement, comme courir sur un tapis avec 2 à 4 sprints de 10 secondes. Ensuite, j'enchaîne une dizaine d'exercices ciblés. Je termine mon programme par une séance de développé-couché, mon record est de 65 kg.

Le sport est la pierre angulaire de mon équilibre de vie. J'ai appris par expérience que le reste de ma vie va mieux si je fais du sport et ça suffit, presque toujours, à me motiver à y aller.

Je comprends que ce n'est pas aussi facile pour tout le monde de s'auto-motiver, alors permettez-moi de vous donner quelques informations qui vous aideront peut-être.

1. Des études récentes suggèrent que l'inactivité tue autant que le tabac et plus que l'obésité ! Il est conseillé, encore plus que de faire du sport, de bouger régulièrement tout au long de la journée. Apparemment, la pratique régulière du sport ne suffit pas à contrecarrer les effets néfastes d'une vie par ailleurs sédentaire.

   Les habitudes jouent un rôle important : vous aurez bien plus de facilité à faire suffisamment d'exercice physique si vous arrivez à en faire une habitude. Je parlerai d'habitudes dans le chapitre 18.

   Vous ferez également plus de sport si vous trouvez une activité que vous aimez et si vous faites attention à comment vous vous sentez avant et après. La motivation vous viendra plus facilement si vous vous sentez mieux après le sport et que vous en avez conscience.

   Le rapport à la volonté est bidirectionnel. Il faut peut-être de la volonté pour faire du sport, mais une pratique sportive régulière augmente la volonté. Donc le bénéfice du sport est double. C'est un bon investissement pour votre santé et aussi un excellent allié pour augmenter votre volonté face à tous vos objectifs.

2. Les bénéfices du sport sont abondamment documentés. Il y a deux catégories d'exercices physiques.

- l'exercice d'aérobie, comme la marche et la course, augmente votre fréquence cardiaque pendant un temps donné ;

- l'entraînement musculaire met l'accent sur le renforcement de muscles spécifiques.

Ces deux catégories ont des avantages différents. Et n'oubliez pas les étirements !

Les exercices d'aérobie sont bons pour la santé cardiaque, pour augmenter le métabolisme, et sont également indiqués en cas de dépression, grâce aux hormones qu'ils nous font sécréter.

L'entraînement musculaire a plusieurs avantages : il réduit le risque d'ostéoporose et favorise l'autonomie, à la fois dans les stades avancés de la vie, mais également dans la force de l'âge. Avoir des muscles toniques est utile pour des choses telles que porter ses courses ou aider quelqu'un à déménager.

Et enfin, une pratique sportive régulière facilite la gestion du poids, un problème de société assez alarmant. Aux États-Unis, d'après le CDC (Centres de Contrôle des Maladies), près de 40 % des adultes de plus de 20 ans sont obèses– 71.6% sont en surpoids, obésité comprise – et presqu'un·e enfant sur cinq est touché également. Les chiffres sont un peu moins alarmants en Europe, où entre 10 et 30 % des adultes sont obèses. Malheureusement, ces chiffres sont en augmentation partout.

Pour terminer cette section sur le sport, prenez quelques instants pour vous poser les questions diagnostiques suivantes :

1. Ai-je une pratique sportive en ce moment ?

2. Si oui :

    a. Est-elle suffisamment régulière ?

    b. Comprend-elle un bon mélange d'aérobie et d'entraînement musculaire ?

3. Si non :

    a. Puis-je identifier pourquoi ?

    b. Puis-je imaginer comment faire au moins un peu de sport ?

3: Le sommeil

De plus en plus de personnes se plaignent de problèmes de sommeil. Si vous êtes l'un·e des rares chançard·e·s à être satisfait·e de la qualité et de la quantité de votre sommeil, vous pouvez passer à la section suivante.

Si vous êtes toujours là, je fais l'hypothèse que votre sommeil n'est pas idéal. Le sommeil est un phénomène multifactoriel ; ce livre n'est donc pas le lieu pour une étude approfondie du sommeil. Je vous suggère néanmoins, dans cette section, de regarder votre rapport au sommeil droit dans les yeux !

Si, comme celle de beaucoup de gens, votre vie est frénétique, vous pourriez avoir différents problèmes de sommeil. Avez-vous des difficultés d'endormissement ? Souffrez-vous d'insomnies ? Peut-être que vous vous réveillez fatigué, même si vous pensez avoir assez dormi ; et puis il y a toute la question de ce qui est assez. Peu de personnes se posent cette question, et nombreuses sont celles qui pensent que dormir est une perte de temps, ou presque.

Ce n'est simplement pas vrai ! De nombreuses études illustrent ceci.

Le manque de sommeil diminue votre libido, fait vieillir votre peau, favorise les pertes de mémoire, altère votre jugement et nuit à votre santé. Le manque de sommeil peut également être dangereux. Plusieurs études montrent que le manque de sommeil au volant est aussi dangereux que l'alcool au volant. Certaines études montrent que le manque de sommeil est aussi mauvais que le tabagisme, et d'autres qu'il augmente le tabagisme.

Si vous pensez dormir assez et trouvez néanmoins que votre sommeil n'est pas réparateur, je vous suggère de vérifier que vous ne souffrez pas d'apnée du sommeil. C'est une maladie assez commune qui cause de nombreuses pauses respiratoires au cours de la nuit. Ceci peut perturber votre sommeil et causer de la somnolence pendant la journée. Les personnes atteintes d'apnée du sommeil ont plus de risques d'avoir un accident de voiture, un accident de travail et d'autres problèmes médicaux. Si c'est votre cas, il est important d'être traité·e.

VOTRE BONHEUR PAS À PAS !

Comprenez-vous l'importance de la quantité, mais aussi de la qualité de votre sommeil ?

Dans cette section, je vous invite à comprendre *VOS* besoins de sommeil et les conditions qui favorisent un repos de qualité pour vous. Dans la partie III, vous déciderez quelles actions mener. Si vous avez des problèmes de sommeil plus importants, je vous encourage à chercher des conseils plus spécialisés.

La première chose à réaliser est que les besoins en sommeil sont très variables d'une personne à l'autre. Certain·e·s chançard·e·s dorment quelques heures par nuit et s'en portent très bien, alors que d'autres ont besoin de huit, neuf ou même dix heures de sommeil par nuit pour se sentir en pleine possession de leurs moyens.

Donc la première question à vous poser est « Combien d'heures de sommeil me faut-il ? » Dormir suffisamment, de façon régulière, est mon tendon d'Achille personnel, avec mes besoins de sommeil supérieurs à la moyenne… Je me sens mieux et plus productive lorsque j'ai dormi entre huit et neuf heures. Souvent, je dormais entre six et sept heures pendant la semaine et je récupérais le week-end, ce qui ne plaît pas du tout aux experts. Donc même si j'ai récemment progressé dans ce domaine, je lutte à vos côtés.

Le sommeil est une partie essentielle du soin de soi. Pour savoir si vous dormez assez, notez si vous vous réveillez sans réveil et répondez aux questions suivantes :

- Combien de fois par semaine vous réveillez-vous avant la sonnerie du réveil ?

- Combien de jours par semaine vous sentez-vous suffisamment reposé·e pour accomplir confortablement vos tâches habituelles ?

- Combien de fois par semaine cherchez-vous un stimulant, un café par exemple, pour vous aider à tenir le coup ?

- Combien de fois par semaine réagissez-vous de façon excessive ? Le manque de sommeil pourrait-il être le coupable ?

À partir de vos réponses à ces questions, quelle est votre impression de votre rapport au sommeil ? Êtes-vous satisfait·e de votre quantité et de votre qualité de sommeil ou trouvez-vous que vous pourriez améliorer ce point ?

Pour améliorer votre sommeil, je vous propose trois pistes, et les médecins du sommeil ont une batterie importante de conseils.

VOTRE BONHEUR PAS À PAS !

Une piste évidente est l'exercice physique. Les personnes qui font du sport régulièrement ont moins de problèmes de sommeil. Tout simplement !

Une autre piste est la méditation. Je parlerai de la méditation dans la prochaine section. Pour le moment, notez juste qu'elle a un impact positif sur la quantité et la qualité de sommeil.

Si vous souffrez de problèmes d'endormissement liés à des pensées récurrentes au sujet de vos obligations, un conseil immédiat est de prendre un papier et un stylo et de les écrire. Ceci vous permet de les lâcher en sachant que vous pourrez les retrouver le matin.

La pratique de routines est également une piste pour vous aider à être mieux reposé·e. Une routine matinale peut vous aider à bien démarrer votre journée – que vous ayez eu une bonne ou une mauvaise nuit – et une routine du soir peut vous aider à préparer une nuit reposante. Si vous avez des enfants, vous avez certainement entendu dire que les bébés ont besoin d'une routine apaisante pour bien dormir. Pourquoi en serait-il autrement pour les adultes ?

Vous devez également prendre en compte votre environnement de sommeil. En bref, les experts recommandent que la chambre à coucher soit réservée au sommeil et au sexe. C'est-à-dire pas d'ordinateur, de télévision, ni d'autres appareils électroniques dans votre chambre, pour deux raisons : d'une part le travail et les obligations restent ainsi en dehors de votre environnement de sommeil, d'autre part la lumière, le son et les pulsations des appareils électroniques pourraient nuire à votre sommeil.

Évidemment, pour bien dormir, il vaut mieux avoir un lit confortable. Sur une échelle de un à dix, comment évalueriez-vous votre lit ? Si votre réponse est en dessous de sept, je vous encourage à investir dans un lit plus confortable.

Les médecins du sommeil ont également plusieurs recommandations liées au rythme. Ils recommandent d'avoir un horaire régulier de sommeil et d'éveil ; de s'exposer à la lumière du jour, et de limiter la lumière en soirée ; de ne pas manger, boire ou dormir trop près du moment du coucher ; et de limiter la caféine, l'alcool, la nicotine et autres produits susceptibles d'interférer avec la qualité du sommeil.

Je vous engage vivement à faire de votre sommeil une priorité.

4 : Cultiver une bonne santé

Si vous avez attentivement examiné vos habitudes alimentaires, pris le temps de faire des recherches et choisi un mode alimentaire qui vous convient ; si vous faites du sport régulièrement, en aérobie et du travail musculaire ; si vous gérez vos habitudes de sommeil de façon à avoir suffisamment de sommeil de qualité, alors vous êtes déjà en bonne voie pour cultiver une bonne santé physique.

Dans cette section, je vous invite à penser en termes de prévention. Je continue à partager certaines des stratégies qui fonctionnent bien pour moi et je vous encourage à trouver des solutions qui fonctionnent pour *VOUS* !

Les compléments alimentaires, oui ou non ?

Le marché des compléments alimentaires est énorme : pour mieux dormir, pour mieux se réveiller, pour mieux digérer et pour prévenir ceci ou cela, une infinité de possibilités.

Les attitudes envers les compléments alimentaires varient selon les pays et les cultures. Certains disent que ce n'est que de l'urine hors de prix ; d'autres disent que nos aliments ne nous fournissent pas – ou plus –

suffisamment de nutriments ; ou encore que si notre alimentation est de qualité et de diversité suffisantes, alors les compléments ne sont pas nécessaires. En partie, c'est une question personnelle. Qu'est-ce qui marche pour *vous* ?

Personnellement, je trouve que quelques compléments m'aident :

- Les vitamines B: Je prends un complexe de vitamines B, tel que l'extrait de levure de bière. Ceci a diminué des troubles de la mémoire que j'avais.

- La vitamine D : Je vis en région parisienne, à une latitude où une majorité de la population est carencée en vitamine D à cause de l'angle du soleil. De plus, des écrits scientifiques indiquent que la vitamine D prévient l'ostéoporose et renforce l'immunité. J'ai donc choisi d'en prendre.

- La vitamine C : Je prends aussi de la vitamine C régulièrement, pour ses propriétés antioxydantes et immunostimulantes.

Pour toutes mes vitamines, je cherche des formes naturelles plutôt que des formes synthétiques.

Poids de corps

Bien que j'aie déjà abordé le poids de corps dans les sections sur la nourriture et le sport, je tiens à souligner la gestion du poids comme mesure préventive en soi.

En effet, l'obésité est une épidémie croissante qui a de graves implications pour la santé. Elle augmente le risque de diabète de type 2, de certains problèmes cardiovasculaires, et même de certains cancers, sans parler de l'inconfort et de la pression sur les articulations et sur d'autres organes.

Pour beaucoup de personnes en surpoids, une amélioration des habitudes alimentaires, la mise en place d'une pratique sportive adaptée et le fait de dormir assez peut régler les problèmes de surpoids ; pour d'autres, un suivi médical sera nécessaire.

Une gestion adéquate de votre poids a de nombreux avantages : moins de problèmes de santé, plus d'énergie, plus de confiance en vous, etc.

Les médecines parallèles

La médecine allopathique n'est pas orientée vers la prévention ; elle fonctionne de la façon suivante : un patient souffrant d'un problème de santé se rend chez son médecin, qui lui donne un traitement pour ce problème et le renvoie chez lui.

Bien que la médecine allopathique ait amené beaucoup de bienfaits à nos sociétés, je m'intéresse personnellement à une forme de médecine qui inclut une approche préventive pour se maintenir en bonne santé.

La médecine allopathique est toujours là, mais j'y fais appel beaucoup moins souvent. Par exemple, je prenais de la progestérone pour les symptômes liés à la préménopause, mais celle-ci me causait des problèmes digestifs. Alors mon médecin m'a donné un traitement pour les symptômes et le traitement ne m'a pas aidée. Il me fallait un meilleur système !

Au fil de mes recherches, j'ai trouvé un médecin généraliste également homéopathe et j'ai pris pendant un temps un traitement homéopathique à la place de la progestérone. Celui-ci a bien mieux régulé mon cycle hormonal, je n'avais plus ces troubles digestifs gênants. Je préférais de loin cette solution. En entrant dans la phase de ménopause, j'ai commencé à prendre un complément de bourrache-onagre, conseillé par ma naturopathe, qui semble marcher pour moi puisque je n'ai pratiquement aucun symptôme.

Il y a quelques années, j'ai aussi utilisé l'homéopathie pour renforcer mon immunité. Il y a plusieurs années, j'ai eu un sale rhume qui a muté en sinusite, comme par le passé. Cette fois, dans un éclair de détermination, j'ai décidé de me soigner au naturel. J'avais déjà trouvé mon homéopathe et elle m'a aidée. J'ai pris de l'échinacée, de l'extrait de pépin de pamplemousse, de la vitamine C et d'autres remèdes homéopathiques. Mon corps s'est battu valeureusement et j'ai fini par gagner, mais ça m'a pris deux bonnes semaines et je me suis retrouvée épuisée. Je ne le savais pas encore, mais j'allais être récompensée plus tard d'avoir réappris à mon corps à se soigner.

L'homéopathie n'est pas la seule médecine parallèle possible. J'entends de plus en plus parler d'huiles essentielles, d'acupuncture, ou d'autres pratiques médicales naturelles qui donnent de bons résultats, sans tous les effets secondaires de certains médicaments traditionnels. Certaines personnes préconisent même de ne rien faire pour les petits maux et de les laisser suivre leur cours.

Quelle est *votre* approche ?

La qualité de votre cadre de vie

Nos cadres de vie sont de plus en plus encombrés d'objets et aussi d'appareils électroniques. Si vous souhaitez désencombrer votre habitation, Marie Kondo a une ribambelle de conseils dans *La Magie du rangement.* Il est cependant plus difficile de nous émanciper de l'impact de tous nos gadgets électroniques.

Que ce soit votre télévision ou votre radio, votre téléphone portable ou votre extendeur Wifi, notre batterie croissante d'objets connectés est plus envahissante que jamais. Leur impact sur notre santé n'est pas encore démontré avec certitude, mais ça me paraît un domaine à surveiller.

Un autre sujet d'actualité peut nous préoccuper, il s'agit de ce que nous absorbons par la peau et par la respiration, en particulier par le biais de nos produits de nettoyage et de nos produits cosmétiques. Heureusement, il y a de plus en plus d'alternatives naturelles proposées, pour les produits cosmétiques et d'entretien.

Compte tenu de tout ceci, je vous conseille de prendre l'air régulièrement et de passer du temps dans des environnements naturels moins connectés, surtout si vous vivez en ville. Prenez un moment maintenant pour penser à toutes les mesures simples que vous pourriez prendre pour assainir votre cadre de vie.

VOTRE BONHEUR PAS À PAS !

Prioriser votre santé

Je vous engage à considérer que votre santé est l'investissement le plus important que vous puissiez faire !

Vivre en bonne santé plutôt qu'en mauvaise santé est tout simplement incomparable. Lorsque nous sommes en bonne santé nous avons plus d'énergie, une attitude plus positive, une meilleure humeur et plus de temps pour faire ce que nous souhaitons faire plutôt que d'aller chez le médecin, à l'hôpital ou être cloué au lit.

J'ai fait mes propres recherches et je vous encourage à faire les vôtres si cela peut vous rassurer. Les informations sont abondantes et trouver ce qui nous convient n'est pas chose facile, mais faites confiance à votre intuition.

Comment je priorise ma propre santé

Je conclus cette section sur *VOTRE* santé physique en vous racontant une petite histoire sur *MA* santé. J'ai toujours eu la chance d'être en assez bonne santé.

Néanmoins, j'ai eu un certain nombre de maladies « mineures ». La plus récurrente était – comme je vous l'ai déjà dit – la sinusite, que mon médecin allopathe traitait avec des antibiotiques, c'était la pratique courante.

Comme je vous l'ai dit dans la section sur les médecines parallèles, j'ai eu une sinusite il y a quelques années, que j'ai décidé de traiter naturellement. J'y suis arrivée, mais cela n'a pas été facile.

Ce même hiver, j'ai eu la grippe, avec six jours de fièvre, une gastroentérite et probablement deux ou trois autres petits pépins. Je les ai tous traités avec le même postulat de base : je suis en bonne santé et mon corps est plein de ressources !

À chaque épisode, ma détermination à mobiliser les ressources de mon corps grandissait. Lorsque j'ai eu la grippe, j'ai pris un congé maladie et je suis restée au lit tant que j'avais de la fièvre. Je n'ai pris aucun médicament, ni pour la fièvre ni pour les symptômes, j'ai juste pris soin de me reposer et de m'hydrater.

Le premier matin sans fièvre, je me sentais comme si je sortais d'hibernation. Je me suis dit : « J'ai oublié de profiter de tous les jours de ma vie sans fièvre ! » Lorsque j'ai eu une gastro, j'ai fait la même chose – me reposer et m'hydrater. J'ai également pris des probiotiques dès que j'ai pu.

J'ai laissé mon corps combattre une maladie après l'autre, le soutenant avec quelques compléments alimentaires. J'ai lutté, mais je me sentais capable et fière. Vous vous demandez peut-être « Pourquoi diable a-t-elle voulu lutter comme ça alors qu'on peut prendre des cachets qui rendent tout ça si facile ? »

Voici ma réponse : presque quatre années sont passées, et je n'ai rien eu de plus que le nez qui coule de temps en temps. Je me sens également plus forte et en meilleure santé que jamais à plus de 50 ans. Mon corps semble avoir réappris à se guérir lui-même.

Vous pensez peut-être que je suis une de ces illuminées qui rejettent en bloc la médecine mais j'ai recours moi aussi à la médecine traditionnelle quand il le faut... Aussi, lorsque j'ai eu une thrombose veineuse profonde en 2016, j'ai pris des anticoagulants. Je n'aimais pas ça, mais je l'ai fait.

En termes de ressources, j'aime bien la lettre de Santé Nature Innovation. Ils vous enverront des nouvelles très régulièrement si vous les y invitez, avec une mine d'informations sur les façons de cultiver sa santé.

Si vous avez toujours été en bonne santé, vous trouvez sans doute ça normal et vous oubliez peut-être d'apprécier cette chance et de prendre soin de votre santé. Si vous avez, ou avez eu des problèmes de santé, vous comprenez certainement la valeur d'une bonne santé. Dans tous les cas, je vous conseille de prioriser l'amélioration de votre santé et de la traiter comme votre bien le plus précieux.

J'ai parlé des quelques petits rhumes que j'ai de temps en temps. Je trouve fascinant de constater qu'ils arrivent presque toujours après une contrariété forte. Pensez-vous que nos émotions et notre santé physique puissent s'influencer mutuellement ? Personnellement, j'en suis convaincue !

Dans le chapitre suivant, je parlerai de votre santé émotionnelle et je vous montrerai le lien possible avec votre santé physique.

Chapitre 7

VOTRE SANTÉ ÉMOTIONNELLE

« Ceux qui ne savent pas
pleurer avec tout leur cœur
ne savent pas non plus rire. »
– Golda Meir

« Au cours des dix dernières années, la
science a fait des découvertes énormes
concernant le rôle des émotions dans nos
vies. Les chercheurs ont montré qu'encore
plus que le QI, votre conscience émotionnelle
et votre capacité à gérer les émotions seront
déterminantes pour votre succès et votre
bonheur, dans tous les domaines de votre vie,
y compris pour les relations familiales. »
– John Gottman, Ph.D.

« Le bonheur c'est lorsque nos pensées, nos paroles et nos actes sont en harmonie. »
– Mahatma Gandhi

Les émotions et les ressentis

Ressentez-les !

Les émotions : voilà bien un domaine qui mérite notre attention ! Les émotions sont souvent considérées comme incompatibles avec le travail ou même avec la vie de famille. Les stéréotypes abondent, comme « les garçons ne pleurent pas » ou « pleurer est un signe de faiblesse ».

Souvent, quand je vois quelqu'un pleurer, quelqu'un d'autre essaye de le faire arrêter. C'est comme si le monde avait peur des émotions. Alors les gens paient des professionnels comme moi, pour aller pleurer dans l'intimité d'une séance de thérapie.

Mais en vérité vos émotions sont une langue que vous vous parlez à vous-même, et qu'il est bon d'écouter. Comment écouter est une autre question et j'y viendrai.

Tout d'abord, j'aimerais clarifier une croyance erronée. Vous avez peut-être entendu parler d'émotions positives telles que la joie, la gaieté, le contentement, et d'émotions négatives telles que la tristesse, la colère ou la peur. L'usage des adjectifs positif et négatif ouvre la voie à un profond malentendu.

Il est aisé de conclure que les émotions positives sont « bonnes » et que les émotions négatives sont « mauvaises ». Êtes-vous d'accord avec ça ? Si vous avez répondu oui, je vais essayer de vous convaincre du contraire.

Les émotions font partie de la vie ; elles vous montrent que vous êtes affecté par les événements de votre vie. Elles font partie intégrante de votre système d'information interne. Renier ses émotions c'est comme renier une part de soi qui cherche à s'exprimer. C'est le reniement qui est nocif.

Je vous suggère une lecture totalement différente. Les émotions positives sont sans doute plus agréables, mais elles viennent du même robinet ! Si vous bloquez les émotions soi-disant négatives, vous aurez de grandes difficultés à ressentir toutes les émotions. Ceci empêche votre épanouissement et c'est une façon très malsaine de vivre sa vie.

<u>- Demande #4 :</u> Faites les exercices au fur et à mesure. Ne remettez rien à demain !

Exercice : Prenez entre 20 et 30 minutes pour faire l'exercice suivant. Pensez à une situation différente pour chacune des émotions ci-dessous. Laissez venir à votre esprit une situation qui vous fait vivre cette émotion, restez avec cette image pendant quelques minutes et remarquez comment cette émotion se manifeste dans votre corps. Si vous le souhaitez, prenez quelques notes dans votre livret d'activités pour chacune des émotions.

1. La joie

2. La colère

3. La tristesse

4. La peur

5. La gaieté

6. Le contentement

***

J'imagine que vous avez expérimenté l'aspect agréable ou désagréable de ces différentes émotions et c'est ainsi que je vous invite à les cataloguer. Pour le moment, pensez juste que les émotions positives sont agréables à ressentir et que les émotions négatives sont moins agréables, voire complètement désagréables. C'est tout.

Le lien entre nos émotions et notre système immunitaire

Le psychologue américain Robert Adler est le premier à avoir montré que le système immunitaire humain est sensible aux émotions. Grâce à son travail, nous savons maintenant que la santé physique est reliée aux émotions. Comme je l'ai dit plus haut, j'ai observé ce lien dans ma vie. Et vous ?

Le lien le plus frappant est sans doute que le stress mal géré, tout comme d'autres émotions « négatives », affaiblit notre réponse immunitaire. Ceci peut concerner une variété de maladies allant du simple rhume à un infarctus. Pour les émotions « négatives » récurrentes, le risque de maladies cardiovasculaires est comparable aux risques associés au tabagisme ou à l'excès de cholestérol.

L'anxiété a été particulièrement associée à la maladie dans bon nombre d'études scientifiques. La manière de vivre et gérer une émotion est pourtant plus importante que l'émotion elle-même, et il y a des moyens pour faire face au stress et à l'anxiété. La *pleine conscience* est un de ces moyens qui a fait ses preuves.

La pleine conscience pour les nuls : ici, maintenant et sans jugement

« Hier est passé dans l'histoire ; demain est un mystère. Aujourd'hui est un cadeau, c'est pourquoi nous parlons du présent. »
– Bill Keane

Face à toute émotion, mais surtout une émotion désagréable, la stratégie que je vous conseille est de vous familiariser avec cette émotion, avec ce qu'elle vous fait vivre corporellement, de l'observer ; en d'autres termes de cultiver la pleine conscience.

Si vous avez déjà pratiqué la méditation de pleine conscience, ceci ne sera pas nouveau, mais si vous êtes comme moi, toutes les occasions sont bonnes pour vous rappeler d'être attentif·ve et généreux·se envers vous-même.

Vous pouvez cultiver la pleine conscience par une pratique régulière : prenez un temps quotidien en position assise, pour observer votre respiration et ramener votre attention à elle lorsque votre esprit vadrouille. Vous avez probablement remarqué que la pleine conscience, ou *mindfulness,* est très à la mode, et comme souvent avec les effets de mode, elle est peut-être un peu dépossédée de son véritable sens. Pour le moment, considérons les attitudes que nous pouvons adopter consciemment pour faire face à nos états internes difficiles à vivre.

La première qualité à cultiver est la bonté envers vous-même, une amitié inconditionnelle. C'est facile à dire et pas forcément à faire, mais c'est vraiment la façon la plus efficace de faire face à un état interne désagréable.

Lorsque vous ressentez une émotion difficile, deux choses arrivent souvent en même temps : votre cerveau essaie de justifier votre état et vous essayez d'éviter de ressentir ce que vous ressentez…

L'attitude la plus adaptée dans ces moments-là est une présence aimable et attentive à ce qui est déjà là. Pratiquer l'art d'être présent à tous vos états internes lorsqu'ils surviennent dépend de votre capacité à être présent à ce qui est déjà là plutôt que de s'échapper vers ce que vous souhaitez.

Un programme de la chaîne anglaise BBC consacré à la famille et à l'éducation a traité de la pleine conscience dans les écoles. Une vidéo a circulé sur Facebook pendant un bon moment. On y voyait des enfants de 6 et 7 ans expliquant la pleine conscience :

- « Le but de la pleine conscience c'est quand on se calme et on se détend. »

- « La pleine conscience c'est quand on doit se calmer après avoir joué pour se remettre au travail, avec nos sens et en travaillant ensemble. »

- « Ça me fait expirer toutes les choses qui me faisaient du souci. »

- « Tu penses vraiment à tes pensées. »

- « Sinon je serais trop excité et je ne pourrais pas faire mon travail. »

Jon Kabat-Zinn, le fondateur de la réduction du stress par la pleine conscience (MBSR), plus communément appelée *pleine conscience,* a établi une liste de qualités nécessaires pour une présence consciente. Il les appelle « le terreau dans lequel vous cultiverez votre capacité à calmer votre esprit et à voir plus clair ».

Le non-jugement : Il s'agit de contacter le témoin impartial, honnête et aimable qui est en chacun de nous. Souvent, les gens portent des jugements sur leurs expériences et leurs ressentis, presque par habitude. Essayez d'observer avec neutralité le fait que vous êtes en train de juger, lorsque ça se produit. Lorsque vous jugez, essayez de ne pas juger le fait que vous jugez.

La patience : Il s'agit de comprendre que les choses se dénouent à leur rythme, c'est une forme de sagesse. Voyez si vous pouvez ressentir votre impatience lorsqu'elle survient, puisqu'il faut commencer par ce qui est déjà présent, plutôt que ce que vous souhaiteriez. Constatez simplement lorsque vous ressentez de l'impatience, que ce soit envers vous-même ou envers quelqu'un d'autre. Essayez d'être curieux·se plutôt que de juger.

Aborder les choses avec un *esprit de débutant·e* c'est se rappeler que vous n'êtes jamais passé·e par ici et maintenant. Chaque moment est unique. Ce n'est pas parce que vous avez eu une expérience similaire qu'elle va se répéter. Voyez si vous pouvez garder un esprit ouvert et frais lors de vos nombreuses rencontres, même avec votre famille proche et vos amis.

La confiance va de pair avec l'autonomie. Lorsque vous êtes attentif·ve à votre corps et que le fonctionnement de votre esprit vous est familier, vous pouvez commencer à avoir confiance en votre capacité à savoir ce qui est bon pour vous. Votre meilleure réponse possible à une situation émergera de la rencontre intime avec votre vie intérieure.

Prendre acte et laisser être vont ensemble, car ils sont étroitement liés. Cette attitude vous permet de voir les choses comme elles sont et non comme vous souhaitez qu'elles soient. Ceci ne signifie pas que vous subirez sans réagir ce qui ne vous convient pas ; mais la première étape est de prendre en compte ce qui est, de reconnaître votre état interne et de le laisser être, suffisamment longtemps pour comprendre ce qu'il vous dit. Le non-jugement est essentiel pour éviter les reproches, soit envers vous-même soit envers d'autres. Il est important de commencer par voir ce qui se passe avant de décider d'une action éventuelle.

Le concept-clé pour tout ceci est « cultiver ». On n'acquiert pas ces attitudes une fois pour toutes ; il faut les cultiver encore et encore, particulièrement lorsque vous remarquez qu'une attitude n'est *pas* présente. Vous remarquerez peut-être que vous êtes impatient·e, ou que vous êtes focalisé·e sur ce que vous *aimeriez* qui soit, plutôt que sur ce qui est. Pour cultiver une attitude, vous devrez peut-être commencer par vous familiariser avec son contraire.

Une manière simple de cultiver la pleine conscience est de faire de courtes pauses tout au long de votre journée, et de suivre votre respiration pendant quelques instants. Remarquez ce qui se passe sans rien chercher en particulier. Lorsque vous prenez conscience que vous agissez comme un automate, respirez et réveillez-vous, sans vous juger, même pour un bref instant.

Les émotions difficiles

Vous avez donc constaté que vous avez des émotions et des ressentis plus ou moins confortables et agréables. J'insiste sur le fait que les émotions difficiles ont leur place dans une vie par ailleurs heureuse et épanouie.

Comme vous l'avez vu dans la section sur la pleine conscience, il y a des attitudes que vous pouvez cultiver pour vous aider à traverser les passages difficiles ; il n'y a pas de formule magique pour vous débarrasser de vos émotions désagréables et cela ne serait même pas souhaitable.

Lorsque vous prenez pleinement conscience d'un ressenti, vous pouvez ouvrir le robinet de tous vos ressentis ; inversement, lorsque vous résistez à un ressenti, vous fermez le robinet. Puisque toutes vos émotions vous donnent des informations, c'est à vous de vous familiariser avec ces informations avant de pouvoir répondre à l'émotion.

Si ces moments difficiles sont trop pour vous, vous pourriez probablement bénéficier d'un accompagnement thérapeutique. Peut-être que vous ne savez pas vraiment ce que c'est que la thérapie ou peut-être que vous pensez que c'est pour les gens qui sont un peu fous donc laissez moi vous peindre un autre tableau. En tant que thérapeute, je reçois des personnes qui rencontrent des difficultés dans leur vie qui les empêchent de profiter de leur vie présente comme ils ou elles aimeraient. Ces difficultés ont souvent une origine dans le passé et avec mes client·e·s, après avoir explore comment ces difficultés se manifestent dans leur vie, nous regardons ensemble comment des nouvelles façons d'être et de faire peuvent diminuer l'impact de ce passé.

Je propose des séances de thérapie par zoom et vous pouvez trouver plus d'informations sur tout ceci ici :

https://eudokima.com/thérapie

Respirer

Parfois vous ne voudrez pas vous familiariser avec un état difficile. Parfois vous n'aurez pas le temps, comme quelques secondes avant de monter sur scène, au début d'un examen ou lors d'un entretien d'évaluation. Il vous faudra alors une solution express pour vous apaiser.

La respiration est directement liée à vos émotions. Si vous êtes stressé·e, votre respiration s'accélère, et lorsque vous vous détendez, elle revient à son rythme naturel. Votre vie émotionnelle influence donc votre respiration et votre respiration peut également influencer vos émotions. En focalisant votre attention sur votre respiration, vous pouvez remplacer une pilule antistress. Vous vous demandez peut-être comment.

Je vous présente votre diaphragme !

Savez-vous où est votre diaphragme ? Pour le situer, trouvez le point le plus bas de votre sternum et posez votre pouce juste en dessous. Vous avez trouvé ? Laissez votre pouce à cet endroit.

Maintenant je vous invite à prendre trois respirations profondes en laissant votre pouce sur votre diaphragme. En inspirant, essayez de pousser contre votre pouce et en expirant, sentez votre pouce redescendre. Prenez trois respirations de cette manière. Si vous avez vraiment trouvé votre diaphragme, vous avez probablement senti qu'après seulement trois respirations, vous vous sentez déjà plus serein.

Si vous comprenez l'anglais, vous pouvez chercher Caroline Goyder (et TedX Brixton), elle présente très bien ce concept, mais la conférence n'est malheureusement pas traduite en français pour le moment.

La respiration profonde est vraiment puissante, mais comme vous en avez peut-être déjà fait l'expérience, c'est précisément quand vous en avez le plus besoin que vous trouvez difficile de respirer profondément. Lorsque vous êtes stressé·e, il est physiologiquement plus difficile de respirer profondément parce que votre cœur bat plus vite et votre respiration est justement spontanément peu profonde.

Et pourtant, c'est justement lorsque c'est le plus difficile que c'est le plus bénéfique. Avec quelques connaissances, la discipline devient un peu plus accessible : vous pouvez probablement vous astreindre à prendre trois respirations profondes avec votre pouce sur votre diaphragme lorsque vous ressentez un inconfort émotionnel. Essayez et vous verrez.

Apprenez à aimer vos émotions

J'espère que vous êtes maintenant ouvert·e à l'idée que vos émotions désagréables ne sont pas un ennemi dont il faudrait se débarrasser, mais plutôt une manifestation de quelque chose qui mérite votre attention.

Lorsque vous êtes capable d'accueillir presque tous les états de votre moi profond, vous connaissez alors plus intimement votre langage intérieur et vous pouvez faire des choix qui vous correspondent vraiment. Pour certains, cela vient naturellement, pour d'autres, il faut beaucoup d'entraînement.

Ne craignez pas le processus d'apprentissage de ce qui vous convient. C'est un voyage qui vous développera et qui vous éveillera à plus de possibilités : lorsque vous parvenez à vraiment ressentir une émotion et à la traverser en conscience, vous en ressortez transformé·e. Je suis cette route depuis environ 30 ans, et les bénéfices sont considérables et difficiles à décrire avec des mots.

Une partie du parcours consiste à apprendre à reconnaître les émotions difficiles et à les laisser vivre suffisamment pour pouvoir les apprivoiser. Une autre partie du voyage consiste à apprendre à cultiver plus d'émotions positives pour avoir un équilibre plus satisfaisant entre les émotions positives et négatives ou entre les états émotionnels agréables et désagréables.

La science du bonheur

> « Quand j'étais petit, ma mère m'a dit que le bonheur était la clé de la vie. À l'école, quand on m'a demandé d'écrire ce que je voulais être plus tard, j'ai répondu "heureux". Ils m'ont dit que je n'avais pas compris la question, je leur ai répondu qu'ils n'avaient pas compris la vie. »
> – John Lennon

Depuis le milieu des années 1990, le domaine de la psychologie positive s'est vraiment développé. Avant d'aborder les leçons qu'on peut en tirer, je vais commencer par clarifier ce que la psychologie positive n'est PAS.

Pendant longtemps, j'ai pensé que la psychologie positive se résumait à un conseil superficiel selon lequel si on se force à voir le verre à moitié plein on est plus heureux. Je savais au fond de moi que cela ne fonctionnerait pas pour moi, ni probablement pour beaucoup d'autres.

Ce domaine est maintenant très connu, mais je croise encore des personnes qui pensent ce que je viens de décrire. Ce n'est PAS cela, la psychologie positive.

Historiquement, le domaine de la psychologie s'est intéressé à la psychopathologie, avec les émotions négatives, leurs implications et les soins possibles. Le domaine de la psychologie positive, en revanche, utilise les méthodes de la recherche expérimentale pour déterminer les comportements et les attitudes qui augmentent les émotions positives.

Il existe une littérature abondante sur les sujets que je développe plus loin, et vous trouverez sans difficulté de quoi approfondir ces sujets si vous le souhaitez. Dans cette section, j'espère aider à se familiariser avec ce sujet ceux pour qui il est nouveau, et renouveler l'engagement de ceux parmi vous qui en ont déjà connaissance.

Le domaine de la psychologie positive comprend un nombre imposant d'études scientifiques qui nous donnent de nombreuses stratégies pour expérimenter plus d'émotions positives et gérer nos émotions négatives, de façon à la fois plus confortable et plus efficace.

Je décris cinq de ces stratégies.

Faire face

Il paraît en effet inévitable que, parmi les circonstances que la vie nous présente, certaines soient très difficiles, voire douloureuses.

Le bonheur que je recherche et que je vous encourage à rechercher est compatible avec la vie réelle, et pas une version idéale de celle-ci. Donc de ce point de vue, il est utile d'apprendre à faire face plus sereinement aux événements difficiles. Regardons maintenant quelques compétences utiles dans ce cas.

La méditation centrée sur la respiration est utile pour vous apaiser. Prenez juste 1 minute pour vous concentrer sur votre respiration. Vous pouvez aussi utiliser l'exercice du diaphragme de la section précédente. Vous pouvez faire ceci n'importe où et n'importe quand.

Et pourquoi pas maintenant, là où vous vous trouvez ? Pouvez-vous prendre une minute pour votre respiration ?

Une autre chose que vous pouvez faire, qui ne vient pas toujours naturellement, mais que vous pouvez apprendre, est de réguler vos émotions. Ceci peut sembler incroyable ou complètement absurde si vous n'avez jamais rencontré cette idée.

La première chose à remarquer est que vos pensées ont un grand impact sur ce que vous ressentez. Faites-en l'expérience tout de suite ! En fait vous l'avez déjà fait lorsque vous avez évoqué six émotions plus haut. Mais refaites-le tout de même.

Pensez simplement à un des événements difficiles qui se passent actuellement dans le monde. Si vous pensez à une attaque terroriste, aux vagues d'une pandémie, aux perturbations du climat et leurs conséquences, pensez aux familles brisées, aux personnes qui souffrent, aux enfants orphelin·e·s, à l'état du monde et de l'humanité qui conduit les gens à commettre des actes aussi barbares ; si vous pensez à la responsabilité humaine dans toutes ces situations, que ressentez-vous ? Cela me rend plutôt triste et cela m'effraie aussi. J'entends également beaucoup de colère à ce sujet. Le ressentez-vous ? Remarquez-vous que ces pensées n'amènent pas d'émotions agréables, mais plutôt des émotions désagréables ?

Maintenant, j'aimerais attirer votre attention sur quelque chose que vous attendez, peut-être un voyage, un heureux événement, un moment en famille ou un moment seul selon ce qui vous manque et ce que vous êtes en mesure de mettre en place; pensez à quelque chose d'agréable qui est déjà prévu et imaginez- le avec autant de détails que possible. Passez quelques minutes avec cet imaginaire-là.

***

Ressentez-vous la différence entre penser à un événement douloureux et penser à quelque chose qui vous réjouit ? Ceci indique que si vous pouviez contrôler vos pensées, vous seriez alors en bien meilleure position pour avoir une prise sur vos émotions.

Vous pouvez développer des compétences qui vous aideront à réguler vos émotions. C'est très gratifiant de sentir que votre bonheur est entre vos mains !

Comme je l'ai dit plus haut, si vous n'avez jamais rencontré cette idée, vous serez peut-être incrédule. Pour ma part, j'aurais préféré apprendre certaines de ces choses plus tôt, cela m'aurait sans doute épargné beaucoup de souffrances. Mais j'ai découvert ce chemin et il change vraiment tout.

> « L'esprit est à soi-même sa propre demeure,
> il peut faire en soi un ciel de l'enfer,
> un enfer du ciel. »
> – John Milton

Changer vos pensées n'est pas facile parce que, pour des raisons liées à l'évolution, notre cerveau tend à s'appesantir sur les événements négatifs.

- La mauvaise nouvelle, c'est que ça prendra du temps, de la concentration et de la patience.

- La bonne nouvelle, c'est que la pratique aide.

Les quatre conseils suivants vous aideront à gérer vos pensées de manière à maîtriser vos émotions.

1. La sélection de situations

Cela signifie éviter les situations qui vous évoquent des pensées ou des émotions négatives. Si un film d'horreur vous empêche de dormir et que vous avez des gros besoins de sommeil, vous pouvez juste éviter les films d'horreur.

Ceci peut sembler évident, mais de nombreuses personnes font toujours la même chose en pensant bizarrement que les conséquences pourraient changer. Personnellement, me coucher trop tard est mon talon d'Achille, et pourtant quand je ne dors pas assez, je ne me sens pas bien. Avez-vous un exemple de ce type dans *votre* vie ?

Les trois conseils suivants sont pour une situation qui vous cause déjà des émotions négatives.

2. Nommez vos émotions

Le second conseil est très simple. Il se trouve que de vous dire que vous vous sentez en colère ou triste ou anxieux·se ou coupable ou jaloux·se ou encore ce que vous ressentez à un moment donné, en diminue l'intensité. Il suffit de nommer l'émotion que vous ressentez.

Par exemple, si vous êtes dans un embouteillage et que ça vous agace, essayez de vous dire « Hmmm, comme c'est frustrant ! » Cela ne fera pas disparaître la frustration, mais ça pourrait l'atténuer.

3. Déploiement de l'attention

Ceci signifie détourner votre attention des choses qui déclenchent des pensées négatives ou la tourner vers des choses qui déclenchent des pensées positives.

Vous venez de le faire ! Penser à vos prochaines vacances n'a pas fait disparaître les terroristes, ni la pandémie, les inondations, les épisodes de sécheresses ou les souffrances ; mais vous vous êtes senti mieux à cet instant.

Le dernier conseil s'intitule la réévaluation cognitive.

4. Réévaluation cognitive

La réévaluation cognitive est une sorte de réinterprétation de la situation. Elle est également liée à la gratitude. Elle consiste à regarder tous les aspects d'une situation.

Par exemple, si vous êtes tendu à cause d'une réunion de travail, vous pourriez éprouver de la reconnaissance en pensant à ce travail qui vous permet d'avoir un toit et de la nourriture dans le frigo. Bien que ça n'ait rien à voir avec la réunion, de penser à votre emploi de cette manière positive, de recadrer votre manière de penser vous aide à percevoir la réunion différemment. Nous considérons tellement ces choses comme allant de soi qu'il est utile de prendre un moment pour les apprécier.

La méditation de pleine conscience

J'ai parlé de pleine conscience au sujet de la gestion des ressentis et des émotions. Je présente maintenant un aperçu de la méditation de pleine conscience.

VOTRE BONHEUR PAS À PAS !

La pratique de la méditation de pleine conscience consiste à observer ce qui se passe, avec concentration et sans jugement. Pour débuter une pratique, vous pouvez dédier du temps pour observer votre respiration, sans jugement ; lorsque vous remarquez que votre attention s'est échappée, ça arrive tout le temps, ramenez-la simplement à votre respiration, en évitant de vous juger autant que possible.

Certaines objections fréquentes à la pleine conscience sont fallacieuses, et je souhaite les réfuter.

Vous pensez peut-être que :	Alors qu'en fait :
– Cela signifie ne pas penser.	– Il s'agit de changer notre rapport à nos pensées.
– Il faut comprendre d'abord.	– Ce n'est pas quelque chose que l'on peut comprendre intellectuellement ; il faut vraiment l'expérimenter.
– Il faudra des mois ou des années pour voir des résultats.	– Cinq minutes par jour à peine pendant cinq semaines donnent des résultats mesurables.

Vous vous souciez peut-être de :	Vous pouvez tout à fait :
– Trouver du temps, de l'espace et de la disponibilité pour une pratique régulière.	– Commencer avec des périodes très courtes de pratique, 1 ou 2 minutes par jour.
– Mettre la barre trop haut.	– Chaque séance est une nouvelle séance, vous n'êtes jamais passé ici et maintenant. Il n'y a donc pas de séance ratée.

Une pratique régulière de la méditation donne de nombreux bénéfices, tant physiques que psychologiques. Vous trouverez peut-être de la motivation dans la connaissance de ces bénéfices.

BÉNÉFICES PHYSIQUES :	BÉNÉFICES PSYCHOLOGIQUES :
– Change la structure physiologique du cerveau.	– Génère un sentiment d'apaisement.
– Réduit l'expression des gènes responsables de l'inflammation.	– Améliore la sensation de bien-être et de bonheur.
– Réduit le stress dans les situations stressantes.	– Augmente l'engagement dans le moment présent.
– Améliore la santé cardiaque (pression artérielle, arythmie…)	– Favorise la bonté et la compassion.
– Prévient le raccourcissement des télomères : ralentit le vieillissement et prévient l'apparition de maladies, y compris le cancer !	– Augmente les chances de succès.
– Accélère la guérison du psoriasis.	– Stimule la créativité.

La pratique de la pleine conscience peut augmenter vos chances de succès. Pourquoi donc ? Parce qu'en ralentissant vos automatismes, elle augmente votre flexibilité de réponse, ce qui développe votre intelligence émotionnelle.

Vous avez juste un peu plus d'espace et de temps pour choisir comment répondre à une situation donnée. Ceci augmente votre accès à vos expériences et connaissances antérieures, ce qui stimule votre créativité pour augmenter votre succès à tout propos, y compris votre quête présente d'une vie meilleure.

La gratitude

Pour ressentir plus d'émotions positives, cultivez la gratitude. D'après Robert Emmons, professeur de psychologie aux États-Unis et auteur, la gratitude est :

> « une sensation d'émerveillement, de reconnaissance et d'appréciation pour la vie ».

Cultiver une attitude de gratitude rend les gens plus heureux, c'est ce que démontrent de nombreuses études.

Voyons maintenant si vous pouvez évoquer de la gratitude. Commencez par choisir quelque chose qui vous plaît dans votre vie, peu importe l'importance de la chose, mais soyez très précis. Par exemple, je suis très contente de ma routine sportive.

Ensuite, conscientisez la façon dont c'est arrivé. Dans mon exemple, j'ai participé à une réunion quelques jours après avoir déménagé et j'y ai rencontré deux femmes qui m'ont parlé d'une salle de sport et de l'entraîneur qui y travaillait. Je me suis inscrite à cette salle et j'y suis allée pendant plus de 20 ans.

Enfin, pensez à qui y a contribué et que vous pourriez remercier. Dans mon exemple, j'avais déménagé pour le travail de mon mari, et la réunion était en lien avec son travail, donc il a joué un rôle. J'avais rencontré l'épouse d'un collègue de mon mari et c'est elle qui m'a emmenée à la réunion, donc elle a joué un rôle. Les deux femmes qui m'ont parlé de la salle ont joué un rôle et je continue à faire du sport avec l'une d'elles. Enfin, la personne qui nous recevait chez elle a joué un rôle. Ma routine sportive m'apporte d'énormes bénéfices, donc j'éprouve de la gratitude pour toutes les personnes qui y ont contribué.

Vous pouvez choisir des choses peu importantes, « mon collègue a fait le café ce matin », ou plus importantes « j'ai obtenu une grosse promotion » ! Si vous souhaitez incorporer la gratitude dans votre vie, vous pouvez tenir un journal de gratitude.

David Steindl-Rast est un moine bénédictin qui s'intéresse à la reconnaissance – il utilise ce mot plutôt que la gratitude. Il a fait une magnifique conférence TED sur le sujet, qui dure seulement 14 minutes : je vous la recommande vivement, et les sous-titres en français sont disponibles.

D'après lui, la reconnaissance apparaît spontanément lorsque deux critères sont satisfaits : une chose nous est donnée, qui nous est précieuse. L'accès le plus direct à la gratitude est d'éprouver de la reconnaissance pour le moment présent.

En effet, chaque instant nous est donné et il nous est absolument précieux puisque nous ne pouvons rien recevoir d'autre si nous n'avons pas d'abord ce moment. C'est la clé d'une vie reconnaissante. Je vous encourage à le regarder en entier.

Pour vous entraîner à vivre avec gratitude, vous pouvez par exemple prêter attention à l'instant présent, ou penser aux bonnes choses de la journée écoulée. De nombreuses études montrent que la pratique de la gratitude augmente le bonheur.

En créant un espace pour vous concentrer sur des choses positives dans votre vie, même des toutes petites choses, vous apprenez à remarquer, à vous remémorer et à savourer les bonnes choses. Petit à petit, vous prêterez plus facilement attention aux événements positifs et vous les goûterez plus pleine-ment – à la fois dans l'instant et plus tard, lorsque vous

vous remémorerez ces expériences et que vous les partagerez avec d'autres. Pour déceler les sources de bonté dans votre vie, vous pouvez également penser à ce qui a pu causer un événement positif.

Pour de nombreuses personnes, le bonheur est conditionnel ; lorsqu'elles ne sont pas préoccupées par un événement passé désagréable, elles espèrent un avenir meilleur, « je serai heureux quand… ». Je vous suggère plutôt de vous concentrer sur les petites joies simples. C'est vraiment un des ingrédients essentiels du bonheur.

Pour savourer les petites choses, il suffit d'intentionnellement apprécier le moment présent. Vous pouvez aussi savourer au présent le souvenir d'un bon moment passé ou savourer le futur en anticipant un événement positif à venir.

Savourer le présent revient à vivre en conscience, que vous déjeuniez avec un·e ami·e, que vous écoutiez une musique que vous aimez, que vous regardiez une vidéo intéressante, ou que vous lisiez ce livre, si c'est quelque chose que vous appréciez, appréciez-le pleinement. Bien sûr, il vous faudra un certain engagement pour rediriger votre esprit vers des expériences positives.

Vous serez probablement plus motivé si vous savez pourquoi c'est important. La gratitude stimule le bonheur de huit façons différentes :

1. La pratique de la gratitude nous encourage à profiter plus pleinement de nos circonstances, ce qui nous apprend à savourer les moments positifs de notre vie.

2. L'expression de la gratitude renforce l'estime de soi et la confiance en soi.

3. La gratitude vous aide à faire face au stress et aux traumas : en vous menant à réinterpréter les expériences négatives et stressantes ou en réduisant le nombre de souvenirs traumatiques et leur intensité. La gratitude est la plus utile dans les moments difficiles, même si c'est alors qu'elle est la plus difficile à mobiliser.

4. L'expression de la gratitude encourage certains comportements moraux : aider les autres et être moins matérialiste.

5. La gratitude aide à construire les liens sociaux et renforce les relations. Les personnes reconnaissantes et positives ont plus de chances d'être appréciées et d'avoir de nombreux amis.

6. Lorsque vous ressentez de la gratitude, vous vous comparez moins aux autres.

7. Le ressenti de gratitude n'est pas compatible avec le ressenti d'émotions négatives !

8. La gratitude aide à contrecarrer les effets de l'adaptation hédonique. Lorsque vous maintenez votre appréciation pour des événements positifs de votre vie, ils continuent à vous donner un boost de bonheur.

Un petit avertissement est de mise ici : il est possible de vivre trop dans le présent, mais je pense que le risque est faible dans le monde occidental, à part peut-être pour les personnes sans abri ou celles atteintes de la maladie d'Alzheimer. Il est néanmoins important d'avoir des objectifs et de les poursuivre. Nous reviendrons à vos objectifs dans la partie III.

Pour le moment, si vous tentiez la gratitude ?

Le pardon

Les études scientifiques et le mouvement de développement personnel s'accordent sur le fait que le pardon augmente le bonheur.

Ce qu'il faut comprendre, c'est que la rancune que vous gardez contre quelqu'un vous fait du mal à vous, pas à lui ! La rancune ou le sentiment d'injustice qui vous habite vous fait sécréter du cortisol, qui a des effets délétères sur votre corps.

Entre-temps, la personne contre qui vous ruminez n'est pas affectée du tout. En outre, si vous la rencontrez, les émotions négatives que vous portez en vous risquent de favoriser une réaction défensive de sa part.

Le pardon implique de lâcher le ressentiment ou la vengeance envers quelqu'un qui vous a fait du mal et de faire la paix avec ce qui s'est passé pour pouvoir avancer dans votre vie ; cela ne signifie pas nécessairement se réconcilier avec cette personne.

D'après les études, la pratique du pardon peut non seulement renforcer les relations, mais aussi réduire les émotions toxiques de stress et de colère, ainsi que stimuler le bonheur et l'optimisme. En un mot, pardonner réduit la colère et le ressentiment qui n'ont pas de fonction constructive.

Ceci vous aide ensuite à détourner votre attention des ruminations négatives sur votre passé, ce qui peut réduire votre niveau de stress. De plus, la pratique du pardon vous encourage à être attentif·ve aux choses positives de votre vie et à les apprécier, à ouvrir votre cœur à la bonté, à la beauté et à l'amour, ce qui favorise votre santé et la santé de vos relations.

Le processus de pardon peut prendre du temps et doit être mis en route seulement lorsque vous vous sentez prêt et que vous avez eu le temps de pleurer le mal qui vous a été fait.

Comme je l'ai mentionné précédemment, j'ai eu une relation très difficile avec ma mère quand j'étais jeune. Je ne me sentais pas aimée pour qui j'étais et j'avais la nette impression qu'elle ne me voyait même pas comme la personne que j'étais. Ceci a eu de multiples impacts sur ma vie et j'ai porté en moi beaucoup de colère autour de tout ça. Après de nombreuses années de thérapie, j'ai enfin fait la paix avec tout ça et j'ai vraiment lâché mes ressentiments, j'ai trouvé le pardon. Dans ma conférence TedX « **Accéder au bonheur : Comment pardonner à ma mère a radicalement changé ma vie.** » je partage les changements presques miraculeux que le pardon a permis dans ma vie. Vous pouvez regarder mon TedX ici :

https://eudokima.com/mon-tedx

Pour conclure cette section sur le pardon, je citerai Nelson Mandela qui, lorsque Bill Clinton lui a demandé comment il avait pardonné ses geôliers, a répondu : « En franchissant la porte de la prison, je me suis dit que, si je continuais à les haïr, je resterais à jamais leur prisonnier. »

Je sais que les pratiques que je vous propose ne sont pas faciles à mettre en place. Nos cerveaux sont câblés pour voir des problèmes et pour retenir les choses négatives plutôt que les choses positives. Le chemin peut être ardu, mais la vue au sommet est imprenable, vous pouvez me croire sur parole !

Le dernier sujet de ce chapitre est l'auto-compassion. Vous serez peut-être heureux d'apprendre que c'est un chemin beaucoup plus efficace pour atteindre vos objectifs que de vous autoflageller. Allons voir de quoi il retourne.

L'auto-compassion

> « Dans l'auto-compassion,
> nous nous offrons la même
> gentillesse et le même soin que
> nous donnerions à un ami cher. »
> – Dr Kristin Neff

Dr Kristen Neff est professeure associée de développement humain à l'université du Texas et experte mondiale dans le domaine de l'auto-compassion.

La définition de l'auto-compassion donnée par le Dr Neff comprend trois éléments distincts :

1. La pleine conscience, ce qui signifie avoir conscience de notre expérience plutôt qu'ignorer ou exagérer nos difficultés.

2. La reconnaissance de notre humanité partagée, ce qui signifie que même lorsque nous souffrons, nous sommes connectés aux autres plutôt que de nous sentir isolés et aliéné·e·s par notre souffrance.

3. L'auto-bienveillance, ce qui signifie de nous traiter nous-mêmes avec douceur et compréhension, plutôt que de nous critiquer et de nous juger.

Nous avons en général plus l'habitude de nous motiver avec l'estime de soi. L'inconvénient de l'estime de soi c'est qu'elle dépend d'une notion de performance ; l'estime de soi va de pair avec l'autocritique.

Peut-être avez-vous déjà pensé « Je suis vraiment nul·le ! » lorsque vous avez échoué à quelque chose qui vous tenait à cœur. C'est la méthode de la carotte et du bâton qui mène à une motivation basée sur la peur : *je ne suis pas adéquat·e si j'échoue, donc je dois m'appliquer plus et réussir pour être adéquat·e.*

Si vous connaissez cette expérience, vous en connaissez sans doute également les effets.

1. Vous êtes peut-être un peu déprimé·e, ce qui ne favorise vraiment pas la motivation.

2. Vous perdez peut-être foi en vous. À force de vous critiquer, vous perdez votre sentiment de compétence. C'est regrettable parce que les études montrent que le sentiment de compétence est clé pour la motivation.

3. Vous pourriez avoir tellement peur d'échouer que vous n'essayez même plus. Les conséquences d'un échec seraient tellement désastreuses que cela n'en vaut pas la peine.

4. Cela vous donne une illusion de contrôle. Lorsque vous vous dites « Je n'aurais pas dû échouer ! » cela implique qu'il aurait été possible de ne pas échouer. *Si seulement je faisais les choses correctement, je n'échouerais plus.*

Au contraire, l'auto-compassion ne dépend en rien de notre capacité à faire mieux qu'un autre ni à atteindre un quelconque objectif. L'auto-compassion prend précisément le relais là où l'estime de soi nous laisse tomber, lorsque nous échouons ou lorsque nous nous sentons inadéquats.

Nous ressentons le véritable bénéfice de l'auto-compassion lorsque quelque chose ne va pas, quand nous pourrions penser « Je suis un·e minable. » Avec l'auto-compassion, vous pouvez vous dire « tout le monde fait des erreurs » et « cela n'aura pas vraiment d'importance plus tard ».

Les personnes qui pratiquent l'auto-compassion sont donc plus à même de s'accepter telles qu'elles sont, qu'elles soient complimentées ou non par d'autres. L'estime de soi, en revanche, se nourrit de retours positifs.

Et pourtant, beaucoup de gens ont peur de la compassion parce qu'ils croient fermement à la nécessité de leur autocritique pour les motiver et leur faire suivre le droit chemin ; et notre culture occidentale entretient cette croyance.

Et pour vous, comment se passe l'autocritique?

Lorsque vous utilisez l'auto-compassion pour vous motiver, la motivation provient de votre souhait d'être heureux·se et en bonne santé et vous soutenez la poursuite de ces objectifs, alors que l'estime de soi tente de vous motiver avec *Je suis sans valeur si j'échoue.*

Les études montrent en effet que l'auto-compassion est un facteur de motivation très efficace. Ceci dépend de trois facteurs.

1. L'auto-compassion met l'accent sur l'acceptation de soi et non sur l'amélioration de soi. Avec l'auto-compassion, vous vous acceptez pleinement tel·le que vous êtes, avec vos faiblesses, même si vous n'êtes pas parfait·e, et même si vous risquez d'échouer. Il n'est pas question d'amélioration de soi ni d'évaluation de soi ; il s'agit juste d'accepter qui vous êtes, comme vous êtes.

2. La théorie paradoxale du changement.

« Un curieux paradoxe fait que c'est au moment où je m'accepte tel que je suis que je deviens capable de changer. »
– Carl Rogers

Vous êtes en droit de vous demander si l'acceptation de soi ne signifie pas être amorphe et complaisant·e. Vous pensez peut-être qu'accepter les choses comme elles sont ne vous motivera *aucunement* à changer.

Pourtant il se trouve que lorsque vous vous acceptez pleinement et que vous accueillez qui vous êtes, cela vous permet de vous voir clairement en toute sécurité. Ensuite, parce que votre avenir vous importe et que vous ne souhaitez pas souffrir, vous allez veiller à votre bonheur et à votre santé. Avec l'auto-compassion, vous savez que vous avez droit à l'erreur.

L'auto-compassion offre le soutien émotionnel nécessaire au développement personnel.

L'auto-compassion vous aide à vous motiver parce que vous aimeriez vraiment être plus heureux·se, plus épanoui·e et que vous prenez soin de vous, quoiqu'il arrive, tout en comprenant que vous ne maîtrisez pas tout et que vous ferez ce que vous pourrez.

Les travaux du Dr Neff montrent sans ambiguïté que l'auto-compassion est préférable à l'estime de soi dans des domaines aussi divers que la parentalité, la perte de poids et la poursuite d'objectifs.

Pouvez-vous vous comporter avec vous-même comme vous le feriez avec un ami cher ?

***

Maintenant que vous avez appris des stratégies pour cultiver des émotions positives et que vous vous êtes occupé·e de votre relation à vous-même, vous pouvez commencer à vous occuper de votre relation aux autres, le sujet du prochain chapitre.

Chapitre 8

LES RELATIONS

« Soyons reconnaissants aux personnes qui nous donnent du bonheur ; elles sont les charmants jardiniers par qui nos âmes sont fleuries. »
– Marcel Proust

Nous savons tous intuitivement qu'en tant qu'humains nous sommes une espèce sociale : la solitude nous fait mal et le contact humain nous fait du bien. Dans ce chapitre, je vous invite à regarder ceci de plus près. Que signifie réellement « être une espèce sociale » ?

Sociale par évolution

Harry Harlow, un professeur de psychologie aux États-Unis dans les années 1930, a effectué des recherches avec des singes. Son travail le plus connu concerne ses études sur le lien mère-enfant dans sa population de singes.

Ces études ont apporté une découverte complètement inattendue à l'époque. Des bébés singes étaient placés dans des cages avec deux dispositifs qui représentaient des mamans singes. L'un était constitué de fil de fer et un système de distribution de lait à la demande y était fixé, alors que l'autre était en tissu et le bébé singe pouvait y trouver du réconfort, mais pas de lait.

Combien de temps pensez-vous que les bébés singes passaient à boire, par période de vingt-quatre heures ?

Il s'avère qu'ils ne passaient qu'une heure sur vingt-quatre à boire ; le reste du temps, ils câlinaient la maman en tissu.

Harry Harlow et son équipe ont été choqués ! Ils ont dit :

> « Nous n'étions pas du tout préparés à trouver que la variable confort a complètement submergé et occulté toutes les autres variables, y compris celles relatives à l'allaitement. »

Les humains, tout comme les singes, ont un énorme besoin d'amour et de soins, et lorsque nous en manquons ou qu'on nous le donne d'une façon qui ne nous convient pas, nous pouvons être psychologiquement très abîmés. Je peux vous dire que je vois beaucoup ceci dans ma pratique thérapeutique.

Nous avons besoin de connexion sociale ; cela fait partie de notre humanité partagée. Dans une expérience, on demande aux participants de formuler trois demandes à un génie : une grande majorité de ces personnes demande des bonnes relations.

D'autres études, qui utilisent l'imagerie cérébrale, montrent que le rejet social active les mêmes circuits cérébraux que la douleur physique !

La plus longue étude longitudinale du développement humain, menée par l'école de médecine de Harvard, est en cours depuis plus de 75 ans. Voyons ce que nous pouvons en apprendre.

L'étude sur le développement adulte de la faculté de médecine de Harvard

À la faculté de médecine de Harvard, des équipes de recherche successives suivent les vies de 724 hommes depuis les années 1930. Année après année, ils ont posé des questions à ces hommes concernant leur vie professionnelle, leur vie personnelle et leur santé, sans savoir ce qui allait se passer. En novembre 2015, 60 participants étaient encore en vie et plus de 2 000 enfants nés des 724 hommes du début font maintenant partie de l'étude.

Le groupe comprenait deux populations différentes : un groupe d'étudiants en seconde année à Harvard et un groupe de jeunes non délinquants provenant des quartiers défavorisés de Boston. Les équipes de chercheurs ont recueilli leurs informations à l'aide de questionnaires, des dossiers médicaux des participants et d'un grand nombre d'entretiens en personne. Les informations recueillies concernaient la santé mentale et physique de ces hommes, leur satisfaction professionnelle, leur expérience de leur retraite, et la qualité de leur vie conjugale. On la nomme maintenant « l'étude sur le bonheur », mais son objectif était d'identifier des facteurs prédictifs d'un vieillissement en bonne santé.

Grâce aux avancées médicales, les chercheurs ont pu inclure de l'imagerie cérébrale. Ils ont également filmé les participants durant des discussions conflictuelles avec leurs épouses. Ils ont même commencé à parler à leurs enfants. Au début des années 2000, ils ont commencé à parler aux épouses, qui ont trouvé qu'il était temps !

George Vaillant, le directeur des débuts de l'étude a décrit la méthodologie et les résultats dans une série de trois livres. L'étude est maintenant sous la direction du Dr Robert J. Waldinger au Massachusetts General Hospital. Ils ont à ce jour recueilli des milliers de pages d'informations concernant la vie de ces hommes et de leurs familles.

Dans une merveilleuse conférence TED, Robert Waldinger, le directeur de l'étude, demande :

« Donc qu'avons-nous appris ? »

Il répond alors à sa propre question :

« Cette étude, qui tente de répondre à la question de ce qui fait une vie réussie, nous apporte trois réponses principales », et il poursuit en les décrivant.

1. Les relations sociales sont bonnes pour nous, tandis que la solitude tue.

Les personnes qui se sentent socialement connectées, que ce soit à leurs familles, à leurs amis ou à leurs communautés sont plus heureuses, en meilleure santé et elles vivent plus longtemps.

La solitude est toxique et, malheureusement, beaucoup de personnes en souffrent.

2. La qualité et non la quantité.

Ce n'est pas le nombre d'amis qui compte, ou si nous sommes dans une relation amoureuse stable, tout au moins pas autant que la qualité des relations que nous avons. Ceci affecte notre santé. Vivre dans le conflit est mauvais pour notre santé.

Pour les participants de l'étude qui ont plus de 80 ans, ils ont regardé ce qui se passait 30 ans plus tôt. Vous serez peut-être surpris d'apprendre que ce n'est pas leur taux de cholestérol qui donne la meilleure prédiction de leur santé 30 ans plus tard, mais bien le niveau de satisfaction de leurs relations les plus proches.

Ceux qui étaient les plus heureux dans leurs relations à 50 ans ont la meilleure santé à 80 ans !

3. Les relations de qualité ne protègent pas seulement notre corps, elles protègent également notre cerveau.

Les personnes de plus de 80 ans qui pouvaient compter sur leur partenaire gardaient leur mémoire plus longtemps. Ceci reste vrai en cas de conflits ; on peut se disputer, ce qui compte le plus c'est de pouvoir compter sur quelqu'un malgré les désaccords.

Donc prendre soin de vos relations – ce qui n'est ni facile, ni sexy, ni glamour, et ce n'est jamais fini – favorise votre bonheur, votre santé physique et votre santé mentale.

La conclusion de Vaillant est que « la chaleur des relations tout au long de la vie a le plus grand impact sur la satisfaction de vie ». Autrement dit, d'après Vaillant, l'étude montre que :

> « Le bonheur c'est l'amour.
> Point final. »

Faisons le point

Étant donné l'importance du contact social pour les humains, il est maintenant temps de vous poser la question de votre propre sentiment de connexion. Je vous suggère de prendre tout de suite quelques minutes pour ça : prenez 5 minutes, fermez les yeux et pensez à vos relations sociales.

Nous ne cherchons pas la quantité. Le sentiment d'appartenance dépend bien plus de la qualité du lien, de la profondeur de ce qui est partagé, de l'intimité ressentie dans une relation bienveillante et chaleureuse.

Essayez de ressentir, maintenant, comment vous vous sentez connecté. Laissez venir une réponse intuitive. Dans quelle mesure vous sentez-vous isolé ou connecté ?

Vous pouvez ressentir les deux. En effet, vous pourriez avoir des amitiés très profondes et satisfaisantes, mais vous sentir très distant dans votre famille ou dans votre couple. L'inverse peut se présenter également, vous pouvez vous sentir connecté à la maison et isolé socialement.

En cet instant, je vous invite à vraiment faire le point sur vos relations sociales.

Dans les trois prochaines sections, je passerai en revue différents types de relations pour vous aider à former une image très claire.

Les relations amicales

Un domaine important est notre vie sociale, et nous n'avons pas tous les mêmes préférences dans ce domaine. Certains préfèrent les interactions en face à face et les amitiés proches et intimes ; d'autres préfèrent sortir en groupe, grand ou petit, et ont une vie sociale plus festive faite de dîners, de soirées, de sorties en groupe. Différents contextes proposent différents niveaux d'intimité.

Quelles sont vos préférences concernant votre vie sociale ?

Les grands groupes se prêtent généralement moins bien à un partage personnel et profond. Mais selon votre personnalité et votre histoire, c'est peut-être ce que vous préférez.

Pensez à votre vie sociale : est-elle aussi active que vous le souhaitez ? Aspirez-vous à plus d'activités sociales ? Avez-vous un groupe d'ami·e·s proches que vous voyez suffisamment souvent ? Aimez-vous la foule de temps en temps ou sortez-vous par obligation ?

Si vous aimez avoir une vie sociale très active, êtes-vous proche ou loin de votre idéal ? Essayez de répondre en fonction de vos préférences réelles et non en fonction de ce que les autres pourraient penser.

Peut-être que vous avez une vie sociale active, mais que vous manquez d'ami·e·s véritables. Vous évitez peut-être l'intimité émotionnelle ou vous avez peut-être du mal à trouver les personnes avec qui vous connecter.

Soyez curieux·se, comment vous sentez-vous dans vos relations amicales ? Sont-elles plutôt informelles, légères ? Ou ressentez-vous de l'intimité avec vos ami·e·s ? Êtes-vous à l'aise pour partager des choses personnelles avec elles et eux ?

Personnellement, j'aime mieux les relations à deux ou en petit groupe, puisque ma préférence va très nettement à l'intimité émotionnelle. À partir de mon expérience, je peux vous suggérer que le partage ouvert est un des chemins les plus directs pour se sentir en lien.

Je vous invite à être attentif·ive, dans les jours à venir, à la manière dont vous êtes en relation avec vos ami·e·s et vos connaissances et de voir si vous pouvez imaginer des façons de rendre ces relations plus satisfaisantes.

La famille

Un domaine de connexion très différent est la famille. En effet, tout comme Harper Lee le fait dire à Jem dans *Ne tirez pas sur l'oiseau moqueur* :

> « Vous pouvez choisir vos amis,
> mais sûrement pas votre famille,
> et vous serez toujours parents, que
> vous le reconnaissiez ou non et vous
> avez l'air ridicule lorsque vous
> ne le reconnaissez pas. »

La famille est différente des autres types de relations, puisque vous restez parents que vous le reconnaissiez ou non. Les relations familiales peuvent donc être passionnées de différentes manières.

Une relation satisfaisante avec votre famille, et ses liens quoiqu'il arrive, peut amener un sentiment de sécurité et de connexion, le sentiment de faire partie d'une lignée et d'être inscrit dans le cercle de la vie.

Les relations familiales tendues peuvent avoir des conséquences dramatiques et même parfois tragiques. Souvenez-vous de l'affaire Troadec, un homme a assassiné le frère de sa femme et toute la famille, y compris deux enfants jeunes adultes, pour une histoire d'héritage.

Sans aller aussi loin, les relations familiales tendues ont des conséquences néfastes. Il faut beaucoup d'énergie pour refuser une connexion indestructible, qu'elle soit génétique, historique ou les deux.

Selon votre âge, vous avez peut-être des parents âgés. La majorité d'entre nous est affectée lorsque nous perdons nos aînés. Cependant, indépendamment de la relation que vous entretenez avec eux, ils font partie de votre histoire. Votre ADN vient d'eux.

Les personnes qui perdent un·e proche avec qui la relation était tendue ou distendue sentent très souvent un sentiment de perte plus important dû à l'incomplétude de la relation.

Si vous avez des proches âgés avec qui vous estimez avoir une relation incomplète, je vous suggère vraiment de cultiver plus de paix, en vous appuyant sur les conseils du chapitre sur la santé émotionnelle. Envisagez peut-être de passer un peu plus de temps avec eux et de parvenir à une résolution.

Vous avez une histoire partagée avec votre famille ; c'est le lieu de la transmission intergénérationnelle. C'est à vous de voir s'il est possible ou souhaitable, voire les deux, de partager également le présent.

L'amour

Les relations amoureuses peuvent faire ressortir le meilleur et le pire des personnes. En effet, plus nous partageons d'intimité avec quelqu'un, plus nous accédons à nos schémas relationnels précoces et à nos blessures les plus profondes.

Nous avons souvent tendance à choisir des partenaires qui recréent une atmosphère émotionnelle familière, que nous avons connue dans notre enfance, et de manière souvent inconsciente. Ceci ne nous réussit pas toujours : parfois nous tombons follement amoureux de personnes qui finissent par nous rendre malheureux. Et parfois c'est l'inverse : notre partenaire nous donne ce à quoi nous aspirions.

Mes schémas relationnels précoces m'ont laissé penser que je ne pouvais pas être aimée. Je n'avais pas conscience que ceci était une croyance. Je voyais le monde comme cela. Comme je l'ai partagé dans la section sur les croyances, l'effet fut très prévisible : avec le recul, je vois bien que je choisissais des relations dans lesquelles je ne me sentais pas aimée.

C'est seulement après un long chemin de développement personnel que j'ai pu prendre conscience de cette croyance et la modifier. Je partage maintenant avec un homme un amour plus merveilleux que ce que j'avais cru possible.

De quelles manières votre relation amoureuse vous rappelle-t-elle vos expériences antérieures ? Est-elle plus stimulante ou plus paralysante ? Quelle que soit votre réponse, sachez qu'il est souvent possible d'améliorer votre relation.

Dans son livre *Mes alliances*, Elizabeth Gilbert propose une métaphore très utile pour ceci, citant son mari revendeur de joyaux.

« Un paquet c'est un lot de pierres que le mineur, (...) a constitué. (...) Tu fais paraît-il une meilleure affaire comme ça – en les achetant ensemble –, mais tu dois être attentif parce que (...) il tente de te refourguer ses mauvaises pierres en te les vendant avec quelques-unes qui ont vraiment de la valeur. (...) Pour une meilleure affaire encore, tu dois ignorer les pierres parfaites. Tu ne dois même pas les regarder à deux fois, parce qu'elles t'aveuglent. Tu dois les écarter et examiner très attentivement les vilaines pierres. Puis te demander, honnêtement: « Est-ce que je peux travailler avec ça ? Est-ce que je peux en tirer quelque chose ? »

C'est presque pareil pour un·e conjoint·e ! Si vous vivez en couple, vous trouvez probablement que votre conjoint·e a des belles qualités très positives, mais peut-être aussi d'autres aspects que vous ne supportez plus au bout d'un moment. La question se pose alors de savoir si vous pouvez supporter ces aspects que vous n'aimez pas.

Parfois les couples se trouvent enfermés dans des dynamiques destructives, dans lesquelles leurs habitudes relationnelles passées interagissent de façon disharmonieuse. Bien des couples décident alors qu'il est temps de se séparer, pour se rendre compte ensuite que la prochaine relation a le même type de problèmes. Si votre amour paradisiaque d'antan s'est transformé en enfer au quotidien, je vous encourage vivement à trouver du soutien pour votre couple, pour examiner la transformation qui s'est opérée et en mettre à jour les rouages. Si les choses sont irrécupérables, vous pourrez au moins avoir une séparation paisible, et éviter de reproduire cette pénible épreuve. Et dans le meilleur des cas, ceci ravivera votre amour dans un contexte plus réaliste et pérenne. Je propose également de la thérapie de couple et j'ai été témoin de ces deux types de transformations chez les couples que j'ai accompagnés. Si votre couple est en difficulté et que vous voulez lui donner une nouvelle chance, vous trouverez des renseignements sur comment je travaille ici :

https://eudokima.com/thérapie

Que vous entamiez une thérapie de couple ou non, une bonne question à vous poser est « Que cherchez-vous dans une relation amoureuse ? » Quel type de personne vous complètera le mieux ? Cette question ne peut pas être abordée de la même manière si vous êtes célibataire ou si vous êtes déjà engagé dans une relation.

Dans tous les cas, il est possible de clarifier ce que vous attendez d'une relation amoureuse, même si celle-ci est déjà en cours. La clarification des attentes est une des façons d'aider les relations à passer à la vitesse supérieure.

Ruptures

Il arrive que les divergences ne puissent pas se résoudre. Les relations peuvent arriver à un point de rupture. Il est alors trop tard pour que la thérapie de couple puisse raviver la flamme.

Dans ce cas, il est important de cultiver la paix dans votre cœur. Si vous êtes dans cette situation, je vous encourage à vous pardonner vous-même ainsi que l'autre personne. Votre incapacité à vous connecter provient souvent d'une limitation inconsciente. Dans ce cas, le travail de couple peut tout de même être utile.

Lorsque la connexion avec les humains semble trop inatteignable, vous pouvez chercher ailleurs. Peut-être que vous trouverez de l'inspiration dans le chapitre suivant.

Chapitre 9

LA SPIRITUALITÉ
ET LE SENS

« Tout comme une bougie ne peut
brûler sans feu, les hommes ne peuvent
vivre sans vie spirituelle. »
– Buddha

« Le sentiment de mystère est le
plus beau qu'il nous soit donné
d'éprouver. Il est la source de tout
art et de toute science véritable. »
– Albert Einstein

« Ce n'est pas la durée de la vie qui compte, mais plutôt sa profondeur. »
– Ralph Waldo Emerson

« Le voyage le plus long est le trajet vers l'intérieur. »
– Dag Hammarskjöld

« La plupart d'entre nous vit sa vie comme si il en avait une autre à la banque. »
– Ben Irwin

« Un peu de nous se trouve dans chaque personne que nous rencontrons. »
– Stephen R. Covey

Spiritualité « light »

J'inclus un chapitre à propos de la spiritualité et du sens, même si ma vie spirituelle est assez jeune et si je cherche encore mes marques. Notez que je ne parle pas de religion ; je ne suis pas religieuse. Je respecte néanmoins les croyances de chacun·e, du moment qu'elles impliquent un respect semblable.

Dans mon esprit, la pratique religieuse n'a que peu à voir avec la spiritualité, et beaucoup plus à voir avec une communauté de valeurs partagées. Je parle donc de la spiritualité et non de la religion et dans cet esprit, je donne un aperçu de mon approche de la spiritualité « light » et de la manière dont elle contribue à donner du sens à ma propre vie.

Si vous avez une pratique spirituelle depuis longtemps, je vous invite à reprendre votre regard de débutant·e et à voir s'il y a quelque chose de nouveau pour vous dans ce chapitre. Si vous êtes un·e débutant·e spirituel·le, soyez bienvenu·e !

Dans ce chapitre, je partage mon approche, mes réflexions, et certaines de mes croyances. Je vous invite, comme je le fais tout au long de ce livre, à être curieux à propos de vos propres croyances et de la manière dont mon parcours résonne en vous.

Inspiration

Le premier aspect de ma vie spirituelle provient de ce qui m'inspire. À cet effet, j'utilise le sens du verbe « inspire » venant du moyen-anglais et qui signifiait également « respirer » ou « mettre la vie ou l'esprit dans le corps humain ».

Donc que répondriez-vous à la question « Pour quoi ? » Quelles sont vos croyances à propos de pour quoi nous sommes ici et de notre raison d'être ?

Pensez-vous que nous faisons partie de quelque chose de plus grand ? Pensez-vous, comme Elon Musk, que nous pourrions faire partie d'une grande simulation ? Ou préférez-vous penser que nous jouissons d'un libre arbitre et que nous ne sommes qu'un événement aléatoire dans ce monde, sans sens ni but particuliers ?

Personnellement, je pense de plus en plus à la façon dont nous sommes tous connectés ici sur terre, et à l'importance de commencer à refléter ceci dans nos façons de vivre. Je ne sais vraiment pas s'il y a un but ultime et je trouve difficile d'imaginer que nous fassions partie d'une simulation.

Une idée qui m'aide particulièrement à trouver de l'inspiration au quotidien, est de me rappeler, comme je l'ai détaillé au chapitre 3, que les pensées se matérialisent. Si vous n'êtes pas encore convaincu de ceci, je vous invite à y penser.

Si vous avez beaucoup de discours intérieurs négatifs, il est probable que vos circonstances en soient le reflet. Il est bien entendu facile d'interpréter ceci dans l'autre sens et de penser que ce sont les gens chanceux qui ont des pensées positives, justement parce qu'ils ont de la chance.

Je vous invite à être attentif à vos pensées et à envisager de modifier celles qui ne soutiennent pas la vie que vous souhaitez construire.

Il n'est pas impossible que vous ayez le soutien de l'univers !

La beauté

Notre planète nous offre beaucoup de beautés naturelles qui pourraient vous inspirer ! Dans cette section, je vous invite à considérer le sentiment d'émerveillement, d'admiration qui émerge face à une beauté naturelle.

Selon l'endroit où vous vivez, vous avez peut-être accès à divers sites naturels magnifiques ou vous pouvez peut-être en visiter lors de vos vacances. Vous pourrez à tout le moins avoir des photos de tels endroits sur votre ordinateur.

Que vous aimiez la forêt, la mer ou la montagne, il y a un point commun entre tous ces sites : ils sont tous bien plus grands que notre petite personne. Si vous êtes attentifs, un sentiment de grande appréciation peut émerger, de reconnaissance du fait qu'être en présence de cette grandeur naturelle est un cadeau : le sentiment d'émerveillement.

Les recherches sur ce sentiment suggèrent qu'il peut avoir un impact sur notre bonheur et peut même jouer sur notre santé.

Mis à part le sentiment d'émerveillement, auquel je vous recommande fortement de vous ouvrir, le fait d'être dans la nature est associé à de nombreux bénéfices. Ces bénéfices peuvent être cognitifs, tels que stimuler la mémoire à court terme, améliorer l'acuité de pensée ou la créativité ; ils peuvent également être liés à la santé : réduire le stress, augmenter le bonheur, même stimuler l'immunité et éventuellement prévenir certains cancers.

Si, comme la plupart des gens, vous vous trouvez sans accès facile ou immédiat à un magnifique site naturel, vous avez peut-être accès à un parc ou vous avez peut-être un petit jardin avec quelques plantes ou arbres.

Je vous encourage, dès que possible, ce qui pourrait être maintenant, à aller interagir avec la nature comme vous le pouvez, pendant 5 minutes. Soyez juste présent·e à la nature pendant 5 minutes et soyez attentif·ve à ce que vous ressentez.

***

Comment était-ce ? Vous sentez-vous plus connecté·e ou plus ancré·e ?

Une grande manifestation naturelle à laquelle je sais que vous avez accès est le ciel. Chaque jour, le soleil se lève et se couche et chaque nuit, les étoiles et les planètes sont plus ou moins visibles, selon le niveau de pollution ou de couverture nuageuse auxquels vous êtes exposé·e.

Je suis souvent stupéfaite par la manière dont le soleil et les nuages interagissent dans le ciel et par les images que cela crée. C'est une petite source d'appréciation dans ma vie de tous les jours, c'est gratuit et cela demande juste de prêter attention.

Et si vous regardiez le ciel tout de suite ? Que voyez-vous ? Même lors d'une journée couverte, des merveilles peuvent se présenter à nous, juste au-dessus de nos têtes, qui peuvent nous apporter un sentiment de connexion.

La réalisation de soi

Je pense que l'alignement spirituel se produit parallèlement à la réalisation de soi. Qu'est-ce à dire ? Je ne dis pas que nous devrions être égoïstes et chercher à satisfaire tous nos besoins. Non, loin de là. Je veux dire que de chercher à faire briller le cœur de qui vous êtes donne le chemin de l'alignement spirituel.

C'est peut-être plus clair en termes de but. Quel est votre but, votre mission de vie ? Pour ma part, j'ai trouvé ma mission : accompagner les personnes pour qu'elles puissent découvrir et enfin Vivre Leur Bonheur AUTHENTIQUE en leur permettant de trouver leurs propres clés pour une vie en accord avec eux-mêmes et avec leur environnement. Et c'est pour cela que j'ai écrit ce livre.

Mon souhait le plus cher est que la lecture de ce livre vous inspire à prendre des mesures concrètes pour améliorer votre vie, pour vivre d'une manière qui soit plus conforme à vos valeurs fondamentales et à votre environnement.

Vos objectifs sont peut-être déjà clairs, mais si ce n'est pas le cas, je vous suggère d'ouvrir votre livret d'activités ou de prendre une feuille et un stylo, de mettre une minuterie pour 10 minutes, de commencer à écrire « ce que je souhaite vraiment accomplir dans ma vie c'est… » et d'écrire ce qui vous vient. Si vous

vous sentez bloqué·e, écrivez quelque chose, n'importe quoi – votre liste de courses, une lettre à un·e ami·e, pourvu que vous commenciez à écrire.

Gardez juste à l'esprit que vous essayez de cerner ce que vous souhaitez le plus accomplir dans cette vie. Si nécessaire, prenez 10 minutes de plus et peut-être encore 10 de plus. À un moment ou un autre, certains éléments de ce qui donne sens à votre vie se mettront à venir à votre conscience.

Ceci est une manière d'écouter ce que j'aime appeler notre *murmure intérieur,* et il y a d'autres moyens pour y accéder. Dans la troisième partie de ce livre, je passerai en revue un certain nombre d'actions que vous pouvez engager pour vous rapprocher des clés de votre épanouissement. En attendant, dans l'optique de la réalisation de soi, je vous invite à endosser le point de vue selon lequel la meilleure façon de se manifester dans cette vie est en alignement avec votre vérité intérieure.

Cette vérité intérieure pourrait être devenue moins accessible pour un tas de raisons différentes, à travers vos expériences précoces ou moins précoces. Si vous êtes en train de lire ce livre, je fais l'hypothèse que vous vous reconnaissez, au moins partiellement, dans cette lutte pour entendre le murmure intérieur, que vous devez chercher votre vérité intérieure.

VOTRE BONHEUR PAS À PAS !

Le chemin de la réalisation de soi n'est pas clairement défini, c'est le résultat d'un processus de découverte, d'auto-découverte. Imaginez que vous êtes un·e explorateur·trice : vous vivez votre vie, jour après jour, et parallèlement aux routines quotidiennes déjà en place, vous gardez vos sens en éveil pour récolter plus d'informations sur la prochaine étape pour vous, dans la situation qui est la vôtre.

C'est un chemin très personnel et je peux vous confirmer que parfois il faut du courage pour continuer. Il s'agit d'oser être vous-même ! Peut-être que certains aspects de votre vie ne sont pas en accord avec votre vérité intérieure et il peut être très effrayant de regarder ceci en face.

Parfois il vous faudra du courage pour affronter vos peurs. Vous vous sentirez peut-être inadéquat·e au début, lorsque vous commencerez à vivre en accord avec vous-même ; vous éprouverez peut-être des conflits de loyauté entre ce que vous « pensez devoir être » et ce que vous êtes réellement. C'est un chemin de développement personnel.

Selon votre degré d'avancement sur ce chemin, vous trouverez peut-être tout ceci évident ou au contraire opaque. Ne vous inquiétez pas, c'est un chemin que tout le monde peut parcourir et sur lequel il est utile d'apporter un regard de débutant·e. Le chemin de réalisation de soi est un chemin sans fin, c'est le voyage de toute une vie.

Comme bien des voyages, celui-ci apporte de grandes récompenses et parfois de grandes difficultés. Rappelez-vous votre engagement dans ces moments-là. Dans la première partie, j'ai parlé de différents aspects de l'engagement. Vous pouvez passer en revue les principes développés dans cette première partie chaque fois que vous en ressentirez le besoin, chaque fois que vous aurez des difficultés d'engagement.

Les bonnes causes

Une des façons de cheminer vers la réalisation de soi est de s'investir dans une cause en laquelle vous croyez. En vous impliquant dans des activités liées à cette cause, vous en tirerez très certainement un sentiment de finalité.

Avez-vous une cause favorite à laquelle vous croyez ? Des actes que vous posez au nom d'un objectif que vous considérez comme valable ? Ma cause préférée est d'effectuer des petits changements de comportement, bénéfiques à l'environnement.

Je trouve assez épatant de comparer la quantité de choses que notre planète nous offre et la manière dont le monde industrialisé en abuse, au détriment des possibilités futures de nos propres enfants et, de façon encore plus alarmante, au détriment de larges populations déjà économiquement défavorisées. Si vous ne voyez pas de quoi je parle, regardez le documentaire de Leonardo Di Caprio *Avant le déluge*.

Et pourtant, il y a également des récits plus optimistes. L'un d'eux est porté par le film français : **Demain.**

Le mouvement qui a émergé du film suggère cinq actions quotidiennes pour améliorer demain pour tous :

1. Manger plus d'aliments bio et moins de viande.

2. Choisir un fournisseur d'électricité renouvelable.

3. S'approvisionner auprès de sources locales et indépendantes.

4. Choisir une banque écologiquement responsable.

5. Réduire, réutiliser, recycler, réparer, partager.

Dans ma vie de tous les jours, je suis plutôt engagée dans la plupart de ces propositions. J'ai de nombreuses petites habitudes pour réduire ma consommation d'énergie fossile ou la quantité de déchets que je génère. Et chaque acte que je pose, en lien avec cette cause, m'apporte de la joie.

Quelle cause pouvez-vous soutenir, qui vous donnera de la joie ?

Le pouvoir de l'instant présent

Sur votre chemin spirituel, une des approches les plus puissantes est de cultiver l'attention au moment présent. Eckhart Tolle, dans son merveilleux livre *Le pouvoir de l'instant présent : Guide d'éveil spirituel*, nous dit :

« Le temps n'est pas précieux du tout, parce que c'est une illusion. Ce que vous percevez comme précieux n'est pas le temps, mais le seul point qui est hors du temps : le moment présent. Effectivement il est très précieux. Plus vous êtes concentré sur le temps, passé et futur, plus vous manquez le moment présent, la chose la plus précieuse qui soit. »

Bien sûr, si vous voulez aller de l'avant dans votre vie, planifier des choses et atteindre des objectifs, vous concentrer sur l'instant présent ne suffira pas. C'est évident. Il paraît juste de dire que dans le monde occidental nous pêchons plus par excès d'attention aux manquements de notre passé ou à notre avenir imaginé. Donc, pour la plupart d'entre nous, apprendre à vivre le moment présent est un objectif louable.

VOTRE BONHEUR PAS À PAS !

Je vous invite à considérer la possibilité d'augmenter votre attention à l'instant présent, tout en faisant la paix avec votre passé et en prévoyant votre avenir.

Être dans le moment présent implique une forme de lâcher-prise. Mes expériences, personnelles et avec mes client·e·s, me portent à croire que c'est une des choses les plus difficiles à saisir. Souvent mes client·e·s qui sont mécontent·e·s de la façon dont les choses se passent pensent que lâcher prise signifie se désintéresser de tout et juste suivre le mouvement. Ce n'est pas tout à fait ce que je veux dire.

À chaque instant, les choses sont comme elles sont et c'est tout. Ce qui n'est pas fixé c'est votre réponse à ce qui est : votre affect, vos intentions. Votre pouvoir se situe à cet endroit : le pouvoir à la fois d'*ÊTRE* avec ce qui est et d'*ORIENTER* votre action dans la direction qui soutiendra au mieux votre chemin personnel.

En écrivant ceci, je pense à une de mes clientes. Elle est très irritée par les dirigeants de l'organisation pour laquelle elle travaille. D'après elle, ils ne font pas ce qu'il faut ; ce n'est pas la bonne façon d'être un manager.

Elle voit bien comment ceci est préjudiciable pour l'organisation dans son ensemble et elle en souffre énormément, elle continue à *VOULOIR* que les choses

160

soient autrement que ce qu'elles sont. Son défi est de séparer ce qui *EST* des actions possibles pour elle ou pour d'autres membres de l'organisation. L'état interne qui consiste à *VOULOIR* que les choses soient différentes de ce qu'elles sont est un des états les plus frustrants qui soient.

Cultiver la présence dans l'instant est un antidote puissant à cette frustration. Une façon de revenir à l'instant présent est d'utiliser la pleine conscience et la respiration, comme nous l'avons vu au chapitre 7. Une autre façon simple de se connecter à l'instant présent est de se connecter à quelque chose de plus grand. Par exemple, entrer en contact avec la nature donne également un accès direct à la présence.

Si vous vous retrouvez en train de lutter avec la façon dont les choses sont, et si vous ne voulez pas regarder en vous, essayez d'aller dehors, ou tout au moins de regarder dehors, et de porter votre attention sur la grandeur de la nature ou l'apparente infinité du ciel. Dans la partie III, vous trouverez plusieurs activités qui vous aideront à cultiver la présence.

Vivre ensemble

J'inclus ici quelques approches pour mieux vivre ensemble, une part essentielle de ma notion d'une vie spirituelle saine.

De nos jours, vivre ensemble semble problématique à un niveau global. Des événements politiques récents, au moment de la première édition de ce livre, tels que le Brexit et l'élection de Donald Trump, en dehors de tout débat politique, semblent indiquer une augmentation de l'attention à l'appartenance groupale.

Apparemment, il n'y a jamais eu autant de murs, de barrières et de clôtures dans le monde, depuis le Moyen Âge. Ces cloisons marquent la séparation entre *nous* et *eux* et des chercheurs ont montré que ceci mène à un processus d'*infrahumanisation.* Ce terme, créé par Jacques-Philippe Leyens, traduit une croyance tacite que les membres de notre groupe seraient plus humains que ceux d'un groupe externe.

Vivre ensemble peut donc devenir difficile lorsque des faits historiques facilitent l'opposition entre différents segments de la population. Donc pour cultiver la capacité à vivre ensemble, vous devrez examiner votre attitude envers la différence.

Nous sommes tous différents, mais nous avons des similitudes également. Notre plus grande similitude est que nous sommes tous des humains. Le documentaire *HUMAN* de Yann Arthus-Bertrand illustre magnifiquement ce propos.

Pourtant, il y a une tendance, chez les politiques et dans la population en général, à pointer du doigt les différences. Les différences raciales et religieuses peuvent être une énorme source de conflits. De nouvelles possibilités apparaissent lorsqu'on dépasse ces différences.

Une vidéo danoise a fait le tour de Facebook : elle montrait des personnes debout dans des carrés dessinés au sol, selon des catégories habituelles.

La vidéo montre un groupe divers de Danois·es qui découvrent qu'il y a en fait plus de points communs entre elles et eux que ce que leur apparence extérieure laissait penser. Elle commence par : « Il est facile de mettre les personnes dans des cases : il y a *nous* et il y a *eux*. Les personnes qui gagnent bien leur vie et celles qui s'en sortent tout juste. Celles en qui nous avons confiance et celles que nous évitons. Il y a les générations récentes de Danois·es et celles qui sont là depuis toujours.

Ensuite, ils demandent aux participant·e·s d'avancer en fonction de nouvelles catégories : les beaux-parents, les personnes qui ont été harcelés, celles qui ont harcelé, celles qui n'ont pas fait l'amour depuis plus d'une semaine, et les « cases » se mettent à disparaître, et les expériences communes créent de nouveaux groupements.

La vidéo conclut avec une réalisation profonde :

« Peut-être que nous sommes plus semblables que nous le pensons. »

Ainsi, lorsque vous vous surprenez à mettre les différences à l'avant-plan, je vous invite à chercher un point de similitude.

Parfois c'est difficile, mais, même dans ce cas, vous pouvez cultiver une attitude de tolérance. Si vous ne trouvez pas de point de similitude, peut-être que vous pouvez tout de même accorder à l'autre le droit d'exister.

Certaines personnes trouveront la tolérance plus accessible, grâce aux valeurs acquises par leur éducation ou par leurs expériences de vie. Si vous avez l'habitude de ne pas tolérer les différences, c'est peut-être une zone de développement intéressante pour vous.

Le pardon a sa place ici aussi. La culture du pardon peut éventuellement vous aider avec ce qui vous empêche d'être tolérant. J'ai parlé du pardon dans le chapitre 7 :

être rancunier ou en vouloir à quelqu'un n'engendre rien de bon ! La personne rancunière se sent moins heureuse et a plus de difficultés à entrer en contact avec d'autres.

Je vous pose la question : quelle forme de spiritualité peut avoir du sens si on ne considère pas que vivre ensemble soit un objectif important ?

Ma réponse personnelle : aucune !

L'argent

Vous serez peut-être surpris de trouver le sujet de l'argent dans un chapitre sur la spiritualité. Je vous demande de m'accorder votre attention quelques minutes pour voir si cela se clarifie.

L'argent est au cœur de bien des ambivalences. Cela a peut-être toujours été le cas, mais la période actuelle accentue ce phénomène. Il n'y a jamais eu autant de richesse dans le monde, et pourtant les inégalités n'ont jamais été si grandes.

Quand on y pense, qu'est-ce que l'argent ?

C'est seulement un instrument d'échange qui n'a que deux objectifs. Le premier est de pouvoir échanger sans devoir trouver quelqu'un qui cherche exactement la même transaction : il normalise la valeur. L'autre est de permettre l'épargne pour différer ses dépenses : il conserve la valeur.

La spiritualité et l'argent se rencontrent lorsqu'on comprend que l'argent est un symbole de productivité et d'accomplissement humain. Lorsque des personnes mettent leur passion et leur talent dans ce qu'ils font, et gagnent honnêtement leur vie de cette manière, alors l'argent qu'ils reçoivent en échange est bien un symbole de leur productivité et de ce qu'ils ont accompli.

> « L'argent est comme un
> sixième sens – sans lui on ne peut
> se servir des cinq autres. »
> – W. Somerset Maugham

Le moment présent est parfait pour vous questionner sur votre relation à l'argent : est-elle paisible ? Souhaitez-vous avoir plus d'argent ou trouvez-vous que vous en avez assez ? Trouvez-vous l'argent sale, voire démoniaque ou appréciez-vous la façon dont vous le gagnez et ce qu'il vous permet ?

Notre rapport à l'argent nous vient souvent de notre éducation et également de comment il est vu dans la société. Et parfois ce que nous voyons donne une mauvaise réputation à l'argent.

Par exemple, les scandales de l'élection présidentielle française de 2017 est un exemple parmi tant d'autres concernant d'énormes sommes d'argent qui auraient été détournées par des personnes qui n'en manquaient vraiment pas. Ceci contribue à un regard négatif sur l'argent. La quantité d'évasions fiscales par les riches nous fait associer à l'argent des caractéristiques telles que la malhonnêteté et l'appât du gain, comme si c'était toujours le cas.

Ce que je vous suggère ici c'est de garder à l'esprit que l'argent et l'appât du gain ne sont pas synonymes, même si leur association peut être très néfaste. Je vous recommande d'à la fois dédiaboliser et désacraliser l'argent, et de vous souvenir de ce qu'est l'argent : un moyen de standardiser et de conserver la valeur.

Dans le contexte d'une recherche spirituelle pour vivre sa vie de façon plus harmonieuse, je vous conseille de réfléchir à la façon dont l'argent vous relie à vos aspirations.

Par exemple, mes activités professionnelles sont toutes alignées avec ma mission d'accompagner mes client·e·s pour qu'elles puissent découvrir et enfin Vivre Leur Bonheur AUTHENTIQUE en leur permettant de trouver les clés d'une vie en accord interne et avec leur environnement. Donc quand je suis payée pour mon travail, je me sens connectée à l'objectif supérieur que je poursuis et c'est joyeux. Concernant les dépenses, mes décisions s'enracinent dans mon engagement pour l'environnement et c'est joyeux également.

Ceci vous demandera peut-être un cheminement, mais voyez si vous pouvez gagner de l'argent d'une manière qui est en accord avec votre objectif, ou une cause à laquelle vous croyez et qui est compatible avec votre engagement spirituel ; si vous le dépensez ensuite pour créer une vie qui reflète cet objectif et cet engagement, alors je pense que vous avez réussi à dédiaboliser et à désacraliser l'argent.

***

Dans la partie II, j'ai parcouru plusieurs domaines d'intérêt qui contribuent au bonheur et au sentiment d'être connecté·e. J'ai parlé de santé physique, de santé émotionnelle, de relations, et de spiritualité et de sens.

Dans la partie III, je passerai en revue 23 activités différentes, pour les domaines prioritaires de votre vie. C'est le moment de retrousser vos manches et de passer à l'action. N'oubliez pas que vous ne saurez pas si quelque chose peut vous aider si vous n'essayez pas !J'ai fait de mon mieux pour vous guider dans une réflexion en profondeur sur comment vous vivez votre vie et comment vous aimeriez l'améliorer, je vous ai donné des informations, des conseils, des suggestions, et dans la Partie III de ce livre, je vous propose des activités structurées.

Mais peut-être que vous trouvez que c'est trop pour vous, à mettre en place seul·e et vous aimeriez plus de soutien pour parcourir cette aventure. C'est exactement pour ça que j'ai créé L'Oasis « Vivez Votre Bonheur AUTHENTIQUE, » un espace soutenant eet chaleureux au sein duquel je vous guiderai sur un parcours similaire mais enrichi, c'est un programme de groupe, pour ajouter du soutien et pour que vous vous sentiez moins seul·e. Si vous voulez en savoir plus sur ce programme, c'est juste ici :

https://eudokima.com/l-oasis/

Partie III

PASSER À L'ACTION!

« Rien ne diminue l'anxiété
plus vite que l'action. »
– Walter Anderson

« La vie d'un homme est façonnée, jusqu'à un
certain point, par son environnement, par
l'hérédité, et par les changements du monde
qui l'entoure ; ensuite vient le temps où c'est à
sa portée de façonner l'argile de sa vie pour
lui donner la forme qu'il souhaite... Chacun
a la possibilité de dire, je suis comme ceci
aujourd'hui et je serai comme cela demain. »
– Louis L'Amour

« Le but de la vie est de la vivre. »
– Clarence Darrow

« Faites ce que vous pensez
ne pas pouvoir faire. »
– Eleanor Roosevelt

« Le succès ne peut être poursuivi,
il doit être attiré par la personne
que vous devenez. »
– Jim Rohn

La résilience est la capacité à apprendre et à grandir à la suite d'événements difficiles. C'est un trait de caractère puissant que je recommande fortement à tout le monde. Dans cette troisième partie, « Passer à l'action ! », je propose deux types d'activités : celles qui génèrent de la paix et de la joie en favorisant plus fréquemment des émotions « positives » ou agréables, et celles qui vous donneront des outils et des conseils pour rebondir lorsque survient une difficulté. Ensemble, elles favorisent la résilience.

Chapitre 10

C'EST L'HEURE!

« Un rêve sans plan
n'est qu'un souhait. »
– Antoine de Saint-Exupéry

Le moment est venu de passer aux actions, aux routines et à des habitudes saines spécifiques qui vous conduiront à votre bonheur. Le plan idéal, le plan optimisé pour *VOUS*, se compose d'une ribambelle de petites choses !

Jusqu'ici, je vous ai suggéré d'essayer des petites choses pour approfondir votre expérience de la lecture des chapitres. Dans cette partie, j'ai groupé toutes les activités que je vous conseille de mettre en œuvre.

N'oubliez pas que ce sont des activités, donc si vous ne faites que les lire, il ne se passera *RIEN* de nouveau.

Je vous encourage à toutes les essayer. Vous trouverez dans l'annexe un tableau à l'aide duquel vous pourrez planifier chaque activité et également prendre des notes après l'avoir essayée. Je ne m'attends pas à ce que vous incorporiez toutes ces activités dans votre vie, mais vous obtiendrez des informations intéressantes en les essayant, concernant ce qui vous plaît et ce qui ne vous plaît pas, ce qui vous semble opportun de faire pour améliorer votre vie, et comment les suggestions dans ce livre peuvent vous y aider.

Je vous encourage également à essayer plusieurs fois ; parfois vous sentirez le bienfait d'une activité, même si au début vous la trouvez difficile ou inconfortable. Une bonne règle est d'essayer une nouvelle activité sept fois avant de décider si vous l'aimez ou pas. Les dernières recherches sur la création d'habitudes disent qu'il faut faire quelque chose soixante-six fois avant que cela devienne automatique. Donc sept fois c'est juste pour voir si cela vous plaît.

Avant de passer aux activités, il peut être utile de prendre un peu de temps pour déterminer spécifique-ment ce que vous souhaitez accomplir et quel domaine prioritaire vous a le plus interpellé ou a le plus suscité votre intérêt.

Il est très utile, voire indispensable, de clarifier vos objectifs avant de vous y atteler. Si c'est le chapitre sur la santé physique qui vous a le plus parlé, par exemple, il est utile de préciser quel aspect de la santé vous intéresse. Peut-être avez-vous des problèmes de sommeil, que vous dormiez mal ou trop peu. Peut-être que quelque chose ne vous convient pas dans votre façon de vous alimenter. C'est peut-être votre rapport au sport que vous souhaitez améliorer. Peut-être que vous cherchez une meilleure façon d'aborder la guérison.

Peut-être que vous n'avez pas de problème particulier de santé, mais que vous souhaitez néanmoins mieux prendre soin de votre santé. Si c'est le cas, vous ne pourrez peut-être pas préciser plus votre objectif.

Manquez-vous d'informations ou faites-vous les mauvais choix ? En d'autres termes, devez-vous rechercher plus d'informations ou devez-vous travailler votre motivation ?

Je viens de vous guider pour préciser vos objectifs s'ils concernent la santé physique. Je vous invite maintenant à faire de même pour tous les domaines explorés dans la partie II.

Dans la partie II, *Domaines prioritaires*, j'ai parcouru quatre grands sujets.

VOTRE BONHEUR PAS À PAS !

1. Dans le chapitre 6, j'ai parlé de votre santé physique, et vous avez réfléchi à votre relation à la nourriture, au sport, au sommeil et à la culture d'une bonne santé.

2. Dans le chapitre 7, j'ai parlé de votre santé émotionnelle. Vous avez fait un exercice qui vous a montré que de penser à différentes situations génère différents états émotionnels. Vous avez également trouvé votre diaphragme et vous avez fait une méditation d'une minute.

3. Dans le chapitre 8, vous avez pensé à vos relations et à votre sentiment de connexion. Vous avez également pensé à la qualité de vos amitiés et à ce que vous recherchez dans une relation amoureuse.

4. Enfin, dans le chapitre 9, j'ai abordé la spiritualité et le sens. Vous avez médité la question profonde « Pour quoi ? » et vous avez réfléchi à vos objectifs et aux causes qui vous tiennent à cœur. Vous avez mis votre attention sur la beauté et l'instant présent, pensé au lien entre vivre ensemble et la spiritualité et vous avez réfléchi à votre rapport à l'argent.

Donc vous avez déjà fait beaucoup.

Dans cette partie du livre, vous allez passer à l'étape suivante. Pour chaque chapitre de la partie II, je vous invite à vous poser la question :

« Quel est mon niveau de satisfaction avec cet aspect de ma vie ? »

Vous pouvez prendre des notes dans votre livret d'activités ou votre carnet, ou vous préférerez peut-être songer rêveusement à la question. Mon objectif est d'orienter votre attention dans les chapitres qui suivent, vers les activités qui vous seront les plus bénéfiques.

Quel est votre degré de satisfaction avec :

- Votre santé physique ?

- Votre santé émotionnelle ?

- Vos relations ?

- Votre spiritualité et votre rapport au sens ?

En même temps que je vous invite à penser aux domaines de votre vie que vous souhaitez améliorer, je vous encourage à aborder chaque activité avec un esprit ouvert.

Dans les chapitres à venir, je vais vous décrire une collection de routines et d'activités, et je vous invite à noter pour chacune d'entre elles, dans le tableau 1 de l'annexe ou dans votre livret d'activités, quand vous allez l'essayer. Ceci mettra en route la construction de votre plan d'action personnel.

Chapitre 11

LE MATIN, LE SOIR
ET LE SOMMEIL

Les routines ont l'avantage d'être routinières ! Lorsqu'elles deviennent habituelles, vous êtes lancé ! À condition, bien sûr, que vous les ayez bien choisies. Bien que je parle ici des routines du matin et du soir, vous pouvez bien entendu mettre en place d'autres routines si vous le souhaitez.

Les routines matinales

Nombreux·ses sont ceux et celles qui pratiquent une routine matinale. Certain·e·s lisent, écrivent ou méditent, d'autres vont courir ou s'entraîner physiquement ; les possibilités sont nombreuses. L'important est de trouver une routine qui vous convient et qui correspond à vos besoins.

179

VOTRE BONHEUR PAS À PAS !

Tout d'abord, quel est l'objectif de votre routine matinale ? Si vous avez du mal à vous réveiller, vous chercherez sans doute à vous mettre en mouvement : une forme d'activité physique semble alors indiquée. Si vous avez des difficultés de concentration le matin, vous chercherez probablement à mieux maîtriser vos pensées. Dans ce cas, la méditation ou la visualisation pourraient vous aider.

Si vous êtes déjà engagé·e dans certaines activités que vous avez du mal à intégrer dans votre emploi du temps chargé, votre objectif pourrait être de terminer cette activité le matin. Dans ce cas, vous devez prévoir du temps pour cette activité, que ce soit lire pendant une demi-heure, écrire pendant un certain temps ou faire du sport.

Personnellement, j'aime bien la routine du *Miracle Morning*, de Hal Elrod, qui couvre toutes les bases. Vous en avez peut-être entendu parler, mais je résume ici cette routine au cas où elle serait nouvelle pour vous. Elle tient dans l'acronyme SAVERS (sauveteurs, en anglais) :

Silence (méditation)

Affirmations

Visualisation

Exercices physiques

Reading (lecture)

Scribing (écriture)

Hal se lève 1 heure plus tôt et il fait 10 minutes de chacune de ses activités. Personnellement, je me connais, je suis du soir et me lever une heure entière plus tôt c'est trop pour moi mais j'aime vraiment ma routine matinale maintenant. J'ai commencé avec une version beaucoup plus courte mais je fais maintenant une version qui dure environ 45 minutes avec les transitions.

Ma routine ressemble à ceci :

Silence (méditation) : 12 minutes

Affirmations : 2 minutes

Visualisation : 4 minutes

Exercices physiques : 6 minutes

Reading (lecture) : 10 minutes

Scribing (écriture) : 4 minutes

VOTRE BONHEUR PAS À PAS !

Si je dois me leverl super tôt (pour moi), j'essaie de faire au moins les 4 premières parties et en cas de matin hyper serré, je fais juste la méditation.

J'ai eu la chance de rencontrer une professeure de méditation Kundalini. Elle m'a appris une méditation différente qui m'a plu. Le tout dans le tout, je suis dans ma 7ème année de ma routine matinale et ça fait une vraie différence dans mes journées.

Lisa Abramson et Vanessa Loder sont deux Américaines qui ont créé un programme nommé « Mindfulness Based Achievement − the new MBA » (Succès Basé sur la Pleine Conscience − Le nouveau MBA). Leur rituel de succès comprend une routine matinale, et selon elles, la façon de démarrer sa journée est essentielle pour créer son succès sans peine.

L'important pour la création de votre routine matinale est de choisir quelque chose qui marche pour vous ; quelque chose qui sera suffisamment confortable et satisfaisant pour vous. Une fois que vous avez choisi quelque chose, testez-le pendant suffisamment longtemps pour sentir si cela a l'effet escompté. Je vous suggère au moins sept jours consécutifs.

Je fais donc une routine matinale depuis plus de 6 ans et je continue parce que j'en tire trois bénéfices majeurs :

1. Je me sens mieux réveillée et plus concentrée pendant la journée, que j'aie assez dormi ou non.

2. J'ai un peu plus de facilités à me coucher plus tôt le soir, ce qui n'est pas évident pour l'oiseau de nuit que je suis.

3. Je lis tous les mois *Cerveau et Psycho,* un mensuel de 100 pages que je trouve très intéressant.

Activité #1 : Prenez du temps maintenant pour élaborer une routine matinale que vous aimeriez essayer.

Ensuite, essayez-la et essayez-la encore. Essayez-la sept matins consécutifs pour vous donner le temps de voir comment elle vous convient.

Les routines du soir

Encore une fois, il est important d'identifier vos besoins. Selon que vous avez du mal à vous endormir ou à rester endormi, ou que vous avez du mal à vous arrêter pour aller dormir, les recommandations ne seront pas les mêmes.

L'objectif d'une routine du soir est bien sûr de vous mettre dans les meilleures dispositions possibles pour passer une bonne nuit de sommeil. Si vous avez des enfants, vous avez sans doute pratiqué des routines nocturnes avec eux, que ce soit un bain avant d'aller dormir, une histoire et de la musique, ou une autre combinaison.

Commençons avec la décision d'aller au lit. Certaines personnes arrivent à simplement aller au lit en quelques minutes lorsqu'elles sont fatiguées le soir. Mon ex-mari était comme ça et je trouvais cela très déconcertant.

Personnellement, j'ai besoin de temps pour la transition, de vérifier que tout va bien, nourrir le chat et préparer quelques petites choses pour le matin. Et puis j'ai ma routine à la salle de bains, me nettoyer le visage, mettre ma crème de nuit, etc. Le tout peut prendre jusqu'à une heure. Vous vous situez peut-être entre les deux.

Quels que soient votre style et votre rythme du soir, il est crucial de savoir de combien de sommeil vous avez besoin et de planifier votre routine en conséquence. Disons que vous vous levez à 7 h et que vous avez besoin de dormir huit heures ; vous devez alors éteindre vos lumières à 23 h et donc arrêter ce que vous faites le soir en laissant suffisamment de temps pour votre routine.

Ceci peut vous sembler complètement trivial... À moi aussi. Sauf que c'est mon talon d'Achille absolu. Si vous êtes du matin, vous pensez peut-être que je suis faible. Si vous êtes du soir, vous voyez peut-être de quoi je parle.

Les oiseaux de nuit se réveillent en soirée et l'envie de dormir ne vient tout simplement pas avant des heures très avancées, donc il faut une réelle intention, et souvent cela va à l'encontre de l'énergie de l'instant. L'envie de dormir est souvent absente, à l'heure où il faudrait aller se coucher pour avoir suffisamment dormi.

Donc les gens du soir ont un défi supplémentaire par rapport aux gens du matin et une routine du soir peut être utile pour eux. Voici quelques ingrédients pour une telle routine ; sentez-vous libre d'ajouter les vôtres :

- Prenez une tisane calmante, comme la camomille.

- Allumez des bougies.

- Mettez une musique douce.

- Écrivez trois choses qui se sont bien passées pour vous aujourd'hui.

- Écrivez un à trois objectifs pour demain.

- Prenez du temps pour lire au lit si cela vous aide à trouver le sommeil.

- Prenez du temps pour écrire dans votre journal.

Activité #2 : Prenez du temps maintenant pour élaborer une routine du soir que vous aimeriez essayer.

Ensuite, essayez-la et essayez-la encore. Comme je vous le répète sans cesse, je vous conseille de vous donner une semaine complète avant de décider si elle vous convient.

Les habitudes de sommeil

Le sommeil est essentiel pour avoir une chance de sortir le meilleur de vous-même. Comme je l'ai dit dans le chapitre 6, le manque de sommeil a un grand nombre de conséquences, dont probablement la plus grave est le déni de l'impact de la privation de sommeil. Je recommande deux activités pour ce sujet. La première est un diagnostic.

Activité #3 :

1. Couchez-vous 30 minutes plus tôt que d'habitude ce soir.

2. Ne changez pas votre réveil.

3. Remarquez si vous vous réveillez avant la sonnerie du réveil.

    a. Si oui, vous avez peut-être trouvé votre besoin de sommeil.

    b. Si non, couchez-vous encore 30 minutes plus tôt demain soir.

    c. Répétez jusqu'à ce que vous soyez réveillé avant le réveil.

4. Faites le point sur vos besoins de sommeil.

Avec cette première activité, vous aurez une meilleure idée de vos besoins de sommeil pour un fonctionnement optimal. Je vous conseille de vérifier ceci sur plusieurs jours, puisque, bien évidemment, la fatigue peut varier.

VOTRE BONHEUR PAS À PAS !

Si vous manquez chroniquement de sommeil, il vous faudra probablement du temps pour vous réguler, mais cela vous sera vraiment bénéfique.

La seconde activité vise à diminuer le stress. Le stress est l'ennemi numéro 1 du sommeil ! Une façon de se détendre, en général et aussi pour dormir, est de trouver votre diaphragme. Les grecs plaçaient d'ordinaire le siège de l'intelligence à la région diaphragmatique. C'est la clé de la régulation de votre système.

Vous avez déjà trouvé votre diaphragme dans le chapitre 7. Si vous avez besoin d'un rappel, mettez votre pouce juste en dessous de votre sternum. Maintenant, appuyez légèrement avec votre pouce. En inspirant, repoussez votre pouce et en expirant, laisser votre pouce redescendre.

Activité #4 : Prenez trois ou quatre respirations lentes et complètes, comme je viens de le décrire. Votre diaphragme a une forme de coupole, donc si vous mettez vos mains sur votre cage thoracique, vous pourrez la sentir s'ouvrir lorsque vous inspirez et se refermer lorsque vous expirez.

Quelle différence sentez-vous après avoir fait ceci ? Prenez conscience de la façon dont cela vous a affecté·e. C'est un outil très simple, toujours à portée de main, très accessible pour la réduction du stress, et qui peut vous aider à trouver le sommeil.

Chapitre 12

LE SPORT

Avant de débuter une nouvelle pratique sportive, je vous conseille de commencer par consulter votre médecin. En revanche, il n'y a généralement pas de contrindication à marcher davantage.

Les prochaines activités concernent l'exercice physique. Il y a des pratiques formelles et des pratiques informelles. Ma pratique sportive, dans une salle de sport, avec un coach professionnel, pendant une heure, trois fois par semaine et depuis plus de 25 ans, m'a appris un certain nombre de choses sur la pratique du sport.

Mes entraînements sont d'un niveau assez élevé pour une amatrice et je peux vous dire que de faire travailler mon corps, parfois intensément, m'a procuré un certain nombre d'avantages en termes de régulation des émotions, qualité de sommeil et capacités physiques dans ma vie de tous les jours ; je considère donc le sport comme étant la pierre angulaire de mon équilibre.

VOTRE BONHEUR PAS À PAS !

Comment pouvez-*vous* bénéficier d'une pratique sportive ? Vous devrez essayer pour le savoir !

Pour retirer un bénéfice maximum du sport, c'est comme pour la méditation, il faut une pratique régulière. Votre point de départ déterminera comment vous y prendre et par où commencer.

Si vous avez du mal à trouver la motivation pour le sport, trouvez quelqu'un pour en faire avec vous et vous serez peut-être surpris·e de voir ce que cela change.

Si vous êtes complètement sédentaire, vous pouvez commencer par marcher pendant 5 minutes, trois fois par semaine. Après quelques semaines, vous pouvez passer à 10 puis à 15 minutes trois fois par semaine.

Ou vous pouvez vous inscrire à un cours de yoga et y aller. Vous avez peut-être remarqué que de vous inscrire à un cours, tout comme lire ce livre, n'a aucun impact si on ne passe pas à l'action.

Alors trouvez quelqu'un qui a un objectif semblable au vôtre et sortez votre tapis de yoga ou enfilez vos baskets !

Si vous êtes déjà plutôt actif et que vous voulez juste améliorer votre forme parce que c'est bon pour votre santé, les possibilités sont infinies. Trouvez quelque chose que vous aimez faire ; cela augmente les chances que vous vous y teniez. L'activité qui vous convient dépend en grande partie de votre capacité à vous motiver.

Vous pouvez vous inscrire dans une salle de sport et suivre un cours, ou trouver un·e entraîneur·euse qui prendra en compte vos objectifs spécifiques et établira un programme personnalisé. Il y a également des programmes en ligne. Certains d'entre eux utilisent des poids, d'autres le poids de corps. Il y a deux choses à vérifier lorsque vous envisagez de suivre un programme :

1. Les conseils qu'on vous donne sont-ils judicieux ? En d'autres termes, la source de conseils est-elle digne de confiance ?

2. Êtes-vous suffisamment motivé·e pour persévérer ?

Si vous avez répondu oui à ces deux questions, vous pouvez y aller !

Si les conseils ne sont pas bons, trouvez-en de meilleurs. Il y a une abondance d'offres d'activités sportives. Si vous ne vous sentez pas suffisamment motivé·e pour persévérer, alors je vous renvoie à la partie I de ce livre pour travailler votre état d'esprit.

Permettez-moi de vous rappeler que faire du sport, entre autres, vous aidera à avoir plus de volonté pour d'autres objectifs. Ceci peut représenter une motivation suffisante pour certain·e·s d'entre vous.

J'ai peut-être une capacité inhabituelle à me motiver, mais je peux vous dire que je ne me pose jamais la question « Ai-je envie d'aller au sport ? » Je planifie mes séances de sport et quand c'est l'heure, j'y vais. C'est devenu un automatisme dès que je me suis rendue compte des bénéfices que j'en tirais.

Pour des raisons de santé et pour soutenir votre volonté, il est souhaitable d'avoir une pratique sportive formalisée. Une telle pratique peut être complétée par de l'exercice informel, celui que vous faites dans le courant de votre journée.

Aujourd'hui, l'Organisation Mondiale de la Santé (OMS), le centre américain pour le contrôle et la prévention des maladies (CDC), et bien d'autres recommandent de faire 10 000 pas par jour, pour améliorer sa santé et réduire le risque de maladies. Oui, c'est bien cela, 10 000 pas !

Ceci n'arrive pas sans une intention explicite. Vous pouvez vous garer plus loin, chaque fois que vous vous garez et/ou aller à pied ou à vélo plutôt qu'en voiture pour des courtes distances. Prendre les escaliers est également une bonne idée, pour plusieurs raisons. Les ascenseurs étant très énergivores, en prenant les escaliers, vous faites du sport *ET* vous économisez l'énergie.

Le sport est bon pour la santé, vous le savez déjà. Si vous ne faites pas de sport ou pas assez, il faudra sans doute plus que mes mots pour vous y mettre. Dans le chapitre 18, vous trouverez cinq conseils pour former de nouvelles habitudes. Dans ce chapitre, je vous ai présenté certains aspects connus du sport et mon rapport à eux. Comme je le fais tout au long de ce livre, je vous invite à déterminer si et pourquoi vous souhaitez changer votre relation au sport et ensuite à trouver une routine sportive qui convient à vos préférences horaires et à votre condition physique du moment.

Activité #5 : Choisissez deux plans d'action qui amélioreront votre rapport au sport.

Par exemple :

1. Formez un binôme et planifiez trois temps de marche dans la semaine à venir.

2. Inscrivez-vous dans une salle et prenez rendez-vous avec un·e entraîneur·euse.

3. Décidez de marcher 5 ou 10 minutes à l'heure du déjeuner et programmez un rappel sur votre téléphone.

4. Inscrivez-vous à l'association sportive de votre quartier, pour un double bénéfice : une pratique sportive et la création de lien.

Quels sont vos plans d'action ? Décidez maintenant et écrivez-les dans le tableau 1 quand vous ferez les actions que vous avez choisies.

Chapitre 13

LA NOURRITURE

J'inclus ce chapitre sur la nourriture à cause de l'impact d'une alimentation saine sur la volonté, notre précieuse alliée pour atteindre nos objectifs. Vous trouverez dans ce chapitre mes recommandations pour une alimentation saine, que j'ai rassemblées dans ma propre quête auprès de mes sources de confiance. Certaines de ces sources sont dans la section *Sources d'inspiration* à la fin du livre.

Un problème courant concernant les choix alimentaires est la motivation. Nombreux·ses sont ceux et celles qui savent ce qu'il faudrait faire et qui pourtant se gavent de cochonneries. Si vous vous reconnaissez dans cette description, je vous suggère de penser aux raisons pour lesquelles vous voudriez manger plus sainement.

Est-ce pour pouvoir tenir la cadence avec vos enfants ? Est-ce pour passer de meilleurs moments avec votre partenaire de vie ? Est-ce pour améliorer votre volonté ? Cela vous aiderait-il à mieux faire votre travail ? Quelle est la raison de votre souhait d'être en meilleure santé ?

Si c'est votre pierre d'achoppement, je vous suggère de prendre votre livret d'activités ou un papier et un stylo et de prendre 10 minutes maintenant pour clarifier cette question. Commencez par écrire « Je souhaite améliorer ma santé parce que… » et voyez ce qui vient ensuite.

Vous trouvez peut-être que vous manquez de volonté. Si c'est le cas, je peux vous redire que dormir assez, bien manger et faire du sport sont des soutiens clés pour la volonté !

Je vous conseille donc de vous concentrer sur les activités qui vous font du bien et qui renforcent votre volonté au passage.

Mangez des fruits et légumes bio tant que possible

Il y a deux objections possibles à cette recommandation : la disponibilité de produits bio et leur prix. Vous seul pouvez juger où vous en êtes de ces objections.

En cas de difficultés financières, je dirais qu'en mangeant des produits de qualité, vous devrez en manger moins pour être bien nourri, ce qui peut compenser le coût initial.

Si vous souhaitez acheter plus de produits bio, vous serez peut-être intéressé·e par les deux listes ci-dessous. Le Dr Weil et le groupe de travail environnemental américain ont identifié les fruits et légumes ayant les résidus de pesticides les plus élevés et les plus faibles.

La première liste, Dirty Dozen Plus (2021), recense les fruits et légumes avec les <u>résidus de pesticides les plus élevés</u> ; il est donc plus important de prendre l'option bio pour ceux-ci.

- Fraises
- Épinards
- Kale/Chou Vert
- Nectarines
- Pommes
- Raisins
- Cerises
- Pêches
- Poires
- Poivrons et piments

- Céleris

- Tomates

- Pommes De Terre

À contrario, la liste Clean 15 comprend les fruits et légumes ayant les <u>résidus de pesticides les plus faibles</u>. Vous pouvez les acheter avec un risque moindre d'impact sur votre santé :

- Avocats

- Maïs

- Ananas

- Oignons

- Papayes

- Petits Pois (Surgelés)

- Aubergines

- Asperges

- Brocolis

- Choux

- Kiwis

- Choux-Fleurs

- Champignons

- Melons

Les pesticides dans votre alimentation peuvent nuire à votre santé, il est donc préférable d'éviter les aliments qui en contiennent beaucoup. Pour les aliments à teneur plus faible en résidus de pesticides, il reste possible que les exploitations qui les produisent utilisent de grandes quantités d'herbicides et de pesticides, contaminant les nappes phréatiques, favorisant l'érosion et endommageant les écosystèmes locaux.

Réduire votre demande de nourriture riche en produits chimiques est une contribution à votre santé et bien plus. Pour promouvoir la santé de la planète ainsi que la vôtre, il est préférable d'acheter bio chaque fois que possible.

Activité #6 : Décidez quels aliments vous voulez acheter bio.

Réduisez le sucre !

Pour des raisons de santé, d'environnement et de volonté, il est conseillé de réduire fortement le sucre dans votre alimentation. J'en ai déjà parlé au chapitre 6, mais à mon humble avis, la répétition est méritée.

VOTRE BONHEUR PAS À PAS !

Le sucre a récemment été promu au rang d'ennemi n°1 de notre santé et nommé un « ami qui nous veut du mal ». La liste des maladies dont le risque augmente avec la consommation excessive de sucre est trop déprimante pour l'inclure ici. Donc si vous devez faire un seul changement dans votre vie pour en augmenter la qualité, mon conseil serait : réduisez votre consommation de sucre. Voici quelques suggestions pour y arriver.

a. Abandonnez les boissons sucrées !

Il n'y a pas grand-chose de pire que de boire votre sucre. Tout d'abord, votre corps ne compte pas vraiment les calories que vous buvez, même si il les encaisse, donc boire du sucre est un moyen sûr d'avaler trop de calories. Avoir de l'eau sucrée en bouche est mauvais pour les dents. En plus de cela, consommer autant de sucre est vraiment un mauvais choix pour la santé.

Commencez à remplacer toutes vos boissons sucrées par de l'eau ou des tisanes sans sucre. Si vous avez du mal à vous sevrer du goût sucré, il semblerait que la stévia et le miel non pasteurisé soient des meilleurs choix. Les édulcorants, bien que moins mauvais pour vos dents, ne sont pas inoffensifs dans votre mécanisme de régulation de la glycémie, d'après diverses sources médicales. Soyez donc vigilant avec les édulcorants.

b. Arrêtez les produits industriels à base de blé.

Les gâteaux industriels, le pain blanc et les pâtes, les biscuits, les barres de céréales, etc., en plus de comporter des sucres ajoutés, se transforment également en sucre dans votre sang très rapidement. Le soi-disant blé complet industriel n'est pas beaucoup mieux en termes d'index glycémique. Si vous aimez le pain, je vous conseille de le faire vous-même ou de vous fournir auprès d'une boulangerie qui utilise des ingrédients artisanaux de bonne qualité.

c. Réduisez les sucres cachés.

Une activité plus avancée consiste à réduire votre consommation de sucres cachés. Pour cela, vous devrez regarder les étiquettes des aliments que vous mangez. Une bonne règle est que si cela se termine par –ose, c'est probablement du sucre, comme dans saccharose, maltose et dextrose, entre autres. Tout ingrédient dont le nom contient « syrop » est probablement une forme de sucre également.

Une façon de réduire les sucres cachés est de manger des produits naturels.

Activité #7 : Identifiez une à trois habitudes liées au sucre que vous changerez, pour améliorer votre santé et votre volonté.

Ajustez votre consommation de viande

La viande rouge a été beaucoup critiquée pour son impact environnemental et sur la santé, et aussi pour la manière parfois franchement dégoûtante dont elle est produite.

En 2008, le documentaire américain Food, Inc. dépeint certaines des pratiques les plus choquantes de l'industrie alimentaire concernant la viande rouge, entre autres. Les études aux conclusions alarmantes sur les impacts négatifs de la viande rouge sont mitigées par d'autres études mais, quoi qu'il en soit, l'idée de manger des steaks hachés trempés dans l'eau de javel reste répugnante pour moi.

Si vous voulez éliminer complètement la viande, il est important de faire quelques recherches sur la façon dont vous ingérerez certains nutriments.

Ma stratégie personnelle est de réduire fortement ma consommation de viande et de me limiter à de la viande de bonne qualité. Je mange uniquement du poulet élevé en plein air, localement, et du bœuf élevé en pâturages ; je ne mange que rarement du porc.

Je vous invite à questionner votre position sur la viande. Quel prochain pas êtes-vous prêt à faire ?

Activité #8 : Souhaitez-vous changer votre consommation de viande ? Prenez le temps de méditer ceci. Si oui, que ferez-vous ?

Assaisonner

Lorsque je décris certains de mes choix alimentaires, les gens se demandent souvent si c'est bon, comme si manger moins de viande et plus de légumes était synonyme de manger fadement. Pas du tout !

Il y a pléthore d'épices. Le poivre, le gingembre, le curcuma, le persil, la coriandre, la menthe et bien d'autres, ajoutent du goût (et des bénéfices pour la santé pour la plupart). Vous pouvez également ajouter de la levure de bière pour les vitamines B et certains minéraux.

VOTRE BONHEUR PAS À PAS !

Les possibilités sont infinies. Si vous cherchez des recettes saines et délicieuses et que vous lisez l'anglais, je vous conseille Beyond Diet, que j'ai déjà mentionné. Je n'ai pas de commission mais je recommande.

Chapitre 14

PRATIQUES POUR UNE ATTITUDE POSITIVE

Je recommande cinq pratiques pour une attitude positive. Ce sont : respirer l'instant présent, la gratitude, l'auto-compassion, le pardon et la visualisation – intervalle de recul.

Respirer l'instant présent

Cette première pratique est essentielle pour améliorer votre état d'esprit, il s'agit de cultiver la capacité à être ancré·e dans l'instant présent. La façon la plus infaillible et directe pour y arriver est de passer un peu de temps chaque jour concentré·e sur votre respiration.

Commencez petit, 1 minute au réveil et 1 minute au coucher. Augmentez petit à petit, voyez ce que vous préférez. Peut-être que le matin cela vous aide à mieux commencer votre journée, et peut-être que juste avant de dormir cela vous aide à mieux vous installer pour la nuit.

Si vous avez un long trajet quotidien, durant lequel vous n'êtes pas au volant, cela peut être le moment idéal pour vous pour développer une pratique de centrage.

Pratiquez ceci de la manière qui s'intègre le plus confortablement dans votre quotidien, mais pratiquez quotidiennement, et vous verrez des résultats.

Activité #9 : Programmez 1 minute de respiration centrée deux fois par jour pendant sept jours, et puis faites-le ! À la fin des sept jours, notez ce que cela vous a apporté.

La gratitude

La pratique de la gratitude a tellement de bénéfices qu'elle est considérée comme une méta-stratégie pour cultiver le bonheur et le bien-être. Avoir une pratique qui cultive la présence dans l'instant vous aidera à repérer les choses qui amènent des changements positifs dans votre vie, et facilitera le sentiment de gratitude.

Pour incorporer la pratique de la gratitude dans votre vie, je vous suggère de commencer par le faire une fois par semaine, par exemple le dimanche soir. Pour pratiquer la gratitude, prenez le temps de tranquillement penser à la semaine écoulée. Laissez venir une à trois choses plaisantes. Écrivez une courte description de chacun des événements.

C'est vraiment plus puissant de l'écrire que de le penser ; les études le montrent sans équivoque. Vous pourriez vous procurer un journal de gratitude et en utiliser une page par semaine.

Si vous trouvez cela très agréable, vous pouvez bien sûr le faire plus souvent, mais évitez une situation dans laquelle ce serait une obligation.

Pour les urgences, vous pouvez puiser de la gratitude dans la réalisation que l'instant présent vous est offert. Si vous êtes vraiment coincé·e et que vous ne trouvez rien à écrire, je vous suggère ceci :

> « Je suis reconnaissant·e pour l'instant présent car il contient la possibilité du futur que je suis en train de créer. »
> – Sonia Weyers

La gratitude ou la reconnaissance viennent également à point lorsque vous cherchez à sortir d'une émotion « négative » ou désagréable. Si vous pouvez trouver le courage de vous connecter à la reconnaissance que vous éprouvez pour quelque chose dans votre vie, vous constaterez que votre émotion « négative » a disparu.

Activité #10 : La prochaine fois que vous vous sentez pris·e par une émotion désagréable, cherchez quelque chose dans votre vie qui vous inspire de la reconnaissance et ressentez la gratitude.

Activité #11 : Programmez 15 minutes dans la semaine à venir pour écrire à propos de trois choses récentes pour lesquelles vous êtes reconnaissant·e. Soyez très précis·e dans vos descriptions et sentez la gratitude éclore dans votre poitrine.

Le pardon

La rancune est un moyen sûr de diminuer son bonheur. Peut-être que vous vous sentirez dans votre droit, mais je ne pense pas que cela vous rendra heureux·se. Pourtant, le pardon est difficile.

Cette activité est pour vous si vous vous sentez lésé·e d'une manière ou d'une autre et si vous avez du mal à lâcher prise. Elle est basée sur les travaux de Fred Luskin, de l'Université de Stanford.

Activité #12 :

Commencez par penser à une situation dans laquelle vous vous sentez lésé·e, vous trouvez que quelqu'un vous a fait du mal et vous n'êtes pas prêt·e à pardonner, à lâcher. Il y a 9 étapes.

1. Le premier pas est de vous familiariser intimement avec ce que vous ressentez. Sentez-vous de la tristesse ? De la colère ? Trouvez-vous que c'est injuste ?

    Essayez de clarifier comment vous vous sentez lésé·e et l'impact émotionnel que cela a sur vous. Vous pouvez alors partager cette expérience avec quelques person-nes de confiance.

2. Prenez l'engagement vis-à-vis de vous-même de vous sentir mieux. Rappelez-vous que le pardon est pour vous, pour vous libérer de ces sentiments désagréables que vous nourrissez.

3. Comprenez que le pardon n'implique pas forcément la réconciliation avec les personnes qui vous ont blessé·e, ni le fait de tolérer leurs actions ; au contraire, votre objectif est d'en vouloir moins à ces personnes et de prendre leurs offenses moins à cœur.

4. Prenez conscience de ce qui se passe : vous êtes bouleversé·e par les émotions et les pensées que vous avez en cet instant. Votre douleur ne provient pas de ce qui s'est déroulé dans le passé.

5. Lorsque vous vous sentez trop ému·e, il est important de vous apaiser. Vous pouvez faire l'exercice du diaphragme, faire des respirations profondes, et/ou aller dans la nature, choisissez ce qui vous convient.

6. Si vous n'avez pas le pouvoir de faire arriver quelque chose, il est préférable d'arrêter de l'attendre. Peut-être que vous exigiez quelque chose de la personne qui vous a blessé·e, qu'elle ne voulait ou ne pouvait pas vous donner. Ceci provoque de la souffrance.

Rappelez-vous que vous pouvez espérer quelque chose et y mettre beaucoup d'énergie, mais vous n'avez peut-être pas le pouvoir de le provoquer.

7. Efforcez-vous d'atteindre vos objectifs positifs, autrement que par l'expérience qui vous a blessé·e.

8. Réalisez qu'une vie bien vécue est votre meilleure revanche. Si vous vous concentrez sur vos blessures, vous donnez le pouvoir à la personne avec qui cela s'est produit. Cherchez plutôt les belles choses autour de vous, telles que l'amour, la beauté et la gentillesse.

   Mettez votre énergie dans l'appréciation de ce que vous avez plutôt que de vous concentrer sur ce que vous n'avez pas.

9. Appréciez également votre choix héroïque de pardonner !

Lorsque vous aurez réussi à pardonner quelqu'un qui vous a fait du mal, vous comprendrez pourquoi c'est si important. Le poids qui s'enlèvera de vos épaules vous aidera à profiter plus de la vie et à créer des souvenirs plus agréables.

L'auto-compassion

Cette activité est parfaite lorsque vous vivez une situation difficile, surtout si vous avez l'habitude de vous flageller lorsque vous n'êtes pas à la hauteur de vos attentes ! Dans ce cas, cela pourrait être difficile, donc commencez petit. Une fois par semaine peut suffire au début.

Cette activité comprend les trois parties de l'auto-compassion :

1. La pleine conscience

2. L'humanité partagée

3. L'auto-bienveillance

Dans un moment où vous ressentez des émotions difficiles, vous serez peut-être tenté·e de vous dire que vous ne devriez pas vous sentir comme cela. C'est probablement la manière la plus répandue, et pourtant la moins efficace, de répondre à une émotion difficile. Essayez plutôt de choisir une phrase affirmative qui reflète votre état émotionnel et de vous la dire : « c'est un moment difficile » ou « je suis triste » ou « ça fait mal ».

C'est une façon de vous connecter en conscience à votre expérience émotionnelle de l'instant sans la juger comme étant positive ou négative. L'étape suivante est de la reconnaître comme un élément d'une humanité partagée. Rappelez-vous de cette humanité partagée en disant « la souffrance fait partie de la vie » ou « tout le monde a des difficultés dans sa vie ».

La troisième et dernière étape est de mettre vos mains sur votre cœur et de dire « que je sois gentil·le avec moi-même ». Vous exprimez comme ceci votre auto-bienveillance. Vous pouvez aussi dire « que je me donne le soutien dont j'ai besoin » ou « que je sois fort·e en ce moment ».

Activité #13 : Choisissez une phrase pour chacune des parties de l'auto-compassion : la pleine conscience, l'humanité partagée et l'auto-bienveillance. Utilisez-les la prochaine fois que vos attentes ne seront pas satisfaites. Observez ce que cela vous fait.

Une seconde pratique d'auto-compassion est la méditation Metta, que vous trouverez au chapitre 17 sur les pratiques spirituelles.

Visualisation – L'intervalle de recul

La dernière activité pour la santé émotionnelle est la visualisation. La visualisation la plus courante consiste à se centrer et à penser à la meilleure version possible d'un aspect de votre vie.

La visualisation que je vous propose pour cette activité est un peu différente, et c'est l'une des techniques les plus puissantes que j'aie rencontrées. Eric Edmeades en parle superbement. Il parle de diminuer l'intervalle de recul.

Vous avez probablement, quelque part dans vos souvenirs, un événement qui a été difficile, peut-être même tragique, et, ensuite, plus tard, un moment où vous avez réalisé que des choses positives en ont découlé.

Pour moi, il est clair que mes difficultés dans la vie m'ont permis de développer les compétences que j'ai aujourd'hui pour améliorer ma vie. Si j'avais été plus heureuse au départ, je n'aurais jamais entamé ce chemin qui est si satisfaisant aujourd'hui.

L'intervalle de recul est le temps entre l'événement difficile et le moment où vous voyez les bénéfices secondaires que vous en avez tiré. Il semble clair, dès lors, que plus votre intervalle de recul est court, plus vous serez heureux. Inversement, plus votre intervalle de recul est long, moins vous serez heureux.

Activité #14 :

1. Choisissez un événement ou une situation qui vous pose actuellement problème.

2. Demandez-vous « Comment pourrais-je un jour éprouver de la gratitude pour cette situation ? »

3. Demandez-vous à nouveau « Comment pourrais-je un jour éprouver de la gratitude pour cette situation ? »

4. Demandez-vous encore une fois « Comment pourrais-je un jour éprouver de la gratitude pour cette situation ? »

5. Lorsque vous commencerez à trouver des réponses à cette question, vous aurez acquis une perspective nouvelle sur ce qui vous arrive et vous verrez que tout va bien se passer.

Donc, comme le dit Eric Edmeades, « Plus vous arrivez à éprouver de la gratitude pour votre passé, plus vous aurez foi en votre avenir ! »

Réduire votre intervalle de recul est un outil puissant pour obtenir plus de bonheur dans votre vie et plus de gratitude pour votre passé.

Chapitre 15

PRENDRE SOIN DE SOI

Pour ce chapitre, j'aimerais que vous commenciez par réfléchir à ce qui vous fait du bien dans votre vie ou à ce qui pourrait vous faire du bien. Cherchez des actions concrètes et limitées dans le temps, comme prendre un bain chaud, faire une promenade, ou vous installer dans le canapé avec un bon livre.

Ce sont des pratiques que vous pouvez faire par et pour vous-même. Je ne veux pas dire que vous allez tout d'un coup vous suffire à vous-même mais c'est tout de même une compétence très utile que d'arriver à prendre soin de soi et à s'apaiser soi-même.

Activité #15 : Choisissez cinq activités de soin de vous-même. Programmez-les. Trouvez votre binôme d'engagement et dites-lui ce que vous faites.

Regardons en détail chaque partie de cette activité.

VOTRE BONHEUR PAS À PAS !

Pouvez-vous trouver cinq activités qui vous feront du bien ? Si vous avez du mal à en trouver cinq, voyez si la liste ci-dessous peut vous inspirer.

- Prendre un bain chaud.

- Aller courir.

- Aller vous promener dans la nature.

- Vous installer confortablement et déguster une boisson chaude.

- Lire un livre qui vous intéresse.

- Écouter de la musique qui vous plaît.

- Vous asseoir au soleil.

- Allumer des bougies et diffuser de la lavande dans votre chambre et vous reposer.

- Toute activité dont vous imaginez qu'elle vous fera du bien sans compromettre votre bien-être et votre bonheur à venir.

Avez-vous vos cinq activités de soin de vous-même ? Maintenant, je vous invite à prendre votre agenda et à les planifier, avec au moins une par semaine.

Lorsque vous avez fait cela, je vous invite à contacter quelqu'un avec qui vous vous sentez à l'aise pour parler de ce que vous faites pour améliorer votre vie. Dites à cette personne ce que vous avez programmé et demandez-lui si elle est prête à vous soutenir en vous demandant des comptes.

De plus, vous pourriez écrire vos activités dans votre livret d'activités ou dans le tableau 1 de l'annexe.

Je vais faire :

1.

2.

3.

4.

5.

Aux dates et heures suivantes :

1.

2.

3.

4.

5.

VOTRE BONHEUR PAS À PAS !

Super ! Maintenant, vous avez planifié des activités de soin de vous-même et mis en place un garde-fou. N'hésitez pas à élargir ce chapitre et à ajouter de nouvelles activités de soin de vous-même dans votre emploi du temps.

Chapitre 16

VOTRE VIE SOCIALE

Il y a deux activités dans ce chapitre. La première consiste à voir des personnes. La seconde est de planifier et d'exécuter des actes de générosité gratuite.

Pour la première activité, vous organisez et planifiez des sorties pour voir des gens. Il y a quelques étapes simples pour ce faire. Tout d'abord, je vous propose de considérer trois grandes catégories de personnes à voir : les amis, la famille et des groupes sociaux.

Les amis et la famille sont des groupes bien définis. Par « groupes sociaux », je veux dire tout cadre collectif dont vous faites partie. Vous suivez peut-être un cours de sport, ou faites partie d'un groupe de marche, ou vous chantez peut-être dans une chorale.

Deuxièmement, je vous invite maintenant à choisir un membre de chaque groupe : un·e ami·e, un·e membre de votre famille et un groupe social spécifique. Si vous n'avez pas d'activité en groupe, je vous invite à en trouver une que vous envisagez d'essayer.

Troisièmement, pour chacun·e de ces personnes ou groupes, choisissez une heure, un lieu et un événement que vous allez planifier. Vous pouvez bien sûr vous organiser conjointement avec eux et, lorsque c'est fait, notez vos plans dans votre livret d'activités.

À la suite de cette activité, vous aurez programmé trois événements séparés. Je compte sur vous pour les mettre dans votre agenda et les mettre en œuvre. L'autre partie de l'activité consiste à vivre en conscience chacun des événements et ensuite, lorsqu'ils seront passés, penser à comment vous en avez bénéficié. Prenez des notes dans le tableau 1, dans votre carnet ou dans votre livret d'activités.

Activité #16 : Planifiez un événement avec un·e membre de chacune des catégories : ami·e·s, famille et groupes sociaux.

SONIA WEYERS

Ami·e·s :

Qui ? _____

Où ? _____

Quoi ? _____

Quand ? _____

Famille :

Qui ? _____

Où ? _____

Quoi ? _____

Quand ? _____

Groupe social :

Qui ? _____

Où ? _____

Quoi ? _____

Quand ? _____

VOTRE BONHEUR PAS À PAS !

Je vous souhaite, après avoir vécu ces trois événements, d'avoir une meilleure notion de comment votre vie sociale améliore votre expérience de vie.

L'activité suivante est très simple et très efficace : il s'agit de faire quelque chose de généreux. De nombreuses études soutiennent l'idée que la générosité engendre du bonheur. Je vous invite à essayer !

Activité #17 : Planifiez un acte généreux, faites-le et ressentez-en l'impact.

Chapitre 17

PRATIQUES SPIRITUELLES

Dans ce chapitre, je suggère quatre pratiques spirituelles qui ne sont pas religieuses. Si vous pratiquez une religion, vous avez sans doute déjà des pratiques spirituelles dans ce cadre, mais vous pourriez néanmoins être intéressé·e par celles-ci : méditation, connexion avec la nature, méditation d'amour bienveillant et visualisation.

La méditation

Il y a plusieurs approches de la méditation. Celle que je connais le mieux est celle apprise dans les programmes de MBSR (Mindfulness Based Stress Reduction). Comme j'en ai déjà longuement parlé dans ce livre, la pratique de la pleine conscience consiste à concentrer son attention sur quelque chose, souvent la respiration ou les sensations physiques, sans jugement.

VOTRE BONHEUR PAS À PAS !

La pleine conscience qui il y a quinze ou vingt ans apparaissait encore comme une pratique ésotérique réservée à quelques privilégié·e·s, apparaît maintenant dans presque chaque publication de développement personnel ; elle apparaît dans toutes les recommandations de santé, de bien-être et de bonheur; elle a même fait son entrée dans le monde des affaires avec des bénéfices annoncés sur la productivité.

C'est à peine exagéré de dire que le message ambiant est : pratiquer la pleine conscience vous assure une vie fantastique et ne pas la pratiquer est à vos risques et périls. Je n'adhère pas à une position aussi binaire et je peux pourtant dire qu'avoir suivi la formation-phare de MBSR en 8 semaines a eu un impact profond sur ma vie.

Je parle de la formation MBSR, mais ce qui me semble essentiel pour être aux commandes de sa vie est d'avoir une pratique contemplative ; une pratique qui calme notre esprit pour laisser la place à une partie plus intuitive, sage et profonde de soi-même.

Il y a plusieurs types de pratiques contemplatives, et si vous avez de l'expérience avec l'une d'elles ou si vous vous sentez attiré par une autre, je vous encourage fortement à suivre votre cœur. J'ai trouvé la pleine conscience et j'en suis contente. Je vous engage vraiment à trouver quelque chose qui vous convient.

Plusieurs personnes proposent également une formation MBSR en ligne. Ce n'est bien sûr pas pareil que de le faire dans un groupe, mais cela peut néanmoins être une bonne façon d'expérimenter la pratique. Si ça vous intéresse, cherchez « formation MBSR en ligne » et vous verrez les choix disponibles.

Quelle que soit la pratique que vous choisirez, il y a deux façons de pratiquer. L'une est la pratique formelle, l'autre la pratique informelle. Une pratique formelle consiste à s'asseoir en silence pendant un certain temps tous les jours, à des heures semblables ; par exemple, cela pourrait faire partie de votre routine du matin ou du soir. Vous pouvez concentrer votre attention sur votre respiration, vous pouvez faire un scan corporel, ou vous pouvez écouter des méditations guidées. L'aspect commun entre ces possibilités est que vous consacrez quotidiennement du temps à la pratique.

Et puis il y a la partie informelle de la pratique, qui peut être à la fois une conséquence et un renforcement de la pratique formelle. On peut appeler ça vivre en pleine conscience.

Lorsque vous êtes coincé·e dans un bouchon et que vous commencez à vous énerver, vous pouvez vous reprendre, prendre une respiration consciente et prendre conscience de votre réaction. Lorsque vous faites la vaisselle ou que vous êtes dans une file d'attente, vous pouvez saisir l'occasion pour faire un scan de votre corps à la recherche de tensions inutiles, ou prendre conscience de pensées non-productives qui vous traversent l'esprit. Lorsque vous allez dire bonsoir à votre enfant à la fin d'une longue journée épuisante et stressante, vous pouvez penser à vous centrer d'abord, en prenant trois respirations profondes par exemple.

La pratique informelle est la fleur qui éclot de la saison précédente de pratique formelle. Il est peu probable que vous parveniez à changer d'attitude dans le flot de votre vie de tous les jours si vous ne faites pas d'abord un investissement personnel dans une pratique formelle.

Activité #18 : Expérimentez une pratique contemplative formelle.

Choisissez une pratique formelle qui vous convient. Je vous conseille de l'incorporer à votre routine du matin ou à celle du soir. Pour le moment, je commence ma routine matinale avec ma pratique formelle de méditation pendant 12 minutes.

Toutes ces petites manières d'augmenter votre qualité de présence au cours de votre journée auront, je vous le promets, un impact positif sur votre vie et sur vos relations.

Se connecter à la nature

La seconde activité spirituelle est de se connecter à la nature. J'entends par là avoir une expérience avec la nature. Cela peut-être simple, comme jardiner, arroser vos pots de fleurs ou planter quelque chose. Cela peut être aussi grandiose que de contempler les montagnes, la mer, les bois, de vastes zones rurales ou le ciel, et de sentir que vous êtes connecté à quelque chose de plus grand que vous.

Pour un effet maximal, je vous encourage à trouver de la nature, à l'inspirer et à penser à comment tout cela est arrivé, comment il se fait que vous puissiez regarder cette scène. Vous aurez peut-être besoin de vous entraîner un peu, mais ce que je vous souhaite c'est de pouvoir vous sentir faire partie de cette nature, avec le sentiment de paix intérieure que cela engendre.

Activité #19 : Inspirez la nature et pensez à comment tout cela est arrivé. Remarquez comment vous vous sentez.

Visualisation

La troisième pratique que je vous suggère est la visualisation. Vous pouvez vous allonger dans une position confortable, fermer les yeux et commencer à visualiser un monde compatible avec vos valeurs spirituelles. Peut-être que pour vous c'est un monde en paix, un monde de tolérance, un monde respectueux, laissez votre esprit vous montrer à quoi cela ressemble pour vous.

Si vous préférez écrire, vous pouvez mettre une minuterie pour 15 minutes, et décrire ce monde avec le plus de détails possible.

Activité #20 : Prenez 15 minutes, mettez-vous à l'aise et visualisez votre monde idéal. Remarquez comment vous vous sentez ensuite.

C'est une opportunité de vivre, dans votre imagination, dans le monde tel que vous le souhaitez. Notre cerveau reptilien ne différencie pas l'imaginaire et la réalité, donc vous pouvez vous offrir l'expérience de vivre dans votre monde idéal par le biais de votre imaginaire.

Profitez bien du voyage !

Méditation d'amour bienveillant

La quatrième et dernière pratique spirituelle que je vous suggère est une méditation d'amour bienveillant, également appelée Metta. Durant cette méditation, vous répétez des mots et des phrases spécifiques qui vous causent un sentiment de plénitude chaleureuse.

Pour pratiquer ceci, trouvez un endroit paisible et installez-vous dans une position confortable. Commencez par prendre quelques respirations profondes. Vous commencerez par diriger les bonnes intentions envers vous-même. En disant les phrases, ressentez les intentions qu'elles expriment.

Activité #21 : Pratiquez la méditation Metta décrite ci-dessous.

Méditation Metta

Que je me sente protégé·e et en sécurité,
Que je sois heureux·se et en paix,
Que je sois fort·e et en bonne santé,
Que je vive dans la facilité, et
Que je sois entouré·e d'amour bienveillant.

Après avoir dirigé l'amour bienveillant envers vous-même, laissez venir à l'esprit quelqu'un envers qui vous ressentez des sentiments chaleureux et adressez-lui les intentions positives. Cela sera plus facile si vous imaginez la personne.

Que tu te sentes protégé·e et en sécurité,
Que tu sois heureux·se et en paix,
Que tu sois fort·e et en bonne santé,
Que tu vives dans la facilité, et
Que tu sois entouré·e d'amour bienveillant.

Vous poursuivez cette méditation en dirigeant les intentions positives envers d'autres personnes. Dirigerez-les maintenant vers quelqu'un envers qui vous avez des sentiments neutres, peut-être quelqu'un que vous connaissez à peine.

Après cela, dirigez-les vers quelqu'un avec qui vous ressentez des difficultés.

Lorsque vous enverrez de l'amour bienveillant à quelqu'un avec qui vous avez des difficultés, vous ressentirez peut-être des sentiments opposés, tels que la colère, le chagrin ou la tristesse. Ne vous inquiétez pas et essayez de ne pas vous juger. Essayez d'observer ces sentiments et néanmoins de continuer la méditation.

Si c'est trop difficile, essayez peut-être avec quelqu'un avec qui votre relation est moins difficile. L'exercice vise à cultiver des sentiments d'amour bienveillant dans votre propre cœur et, avec la pratique, vous pourrez même souhaiter des bonnes choses aux personnes qui vous ont fait du mal.

Terminez la méditation en envoyant de l'amour bienveillant à tous les êtres vivants :

Que nous nous sentions tou·te·s protégé·e·s et en sécurité,
Que nous soyons tou·te·s heureux·ses et en paix,
Que nous soyons tou·te·s fort·e·s et en bonne santé,
Que nous vivions tou·te·s dans la facilité, et
Que nous soyons tou·te·s entouré·e·s d'amour bienveillant.

C'est une de mes méditations préférées ! Elle vous plaît ? Je vous invite à prendre quelques notes dans votre livret d'activités ou votre cahier, pour capturer vos sentiments et vos réflexions.

Chapitre 18

VOS NOUVEAUX OBJECTIFS ET VOS NOUVELLES HABITUDES

> « Nous sommes ce que nous faisons
> de manière répétée. L'excellence n'est donc
> pas une action, mais une habitude. »
> – Aristote

Félicitations, vous avez déjà envisagé 21 activités qui peuvent améliorer votre niveau de bonheur. Ce chapitre présente les deux dernières activités qui vous mèneront à construire un plan directeur comprenant des habitudes saines et spécifiques qui peuvent paver le chemin de votre bonheur.

VOTRE BONHEUR PAS À PAS !

Le moment est venu de parcourir vos notes et de décider des nouvelles habitudes que vous souhaitez incorporer dans votre vie. En revenant sur les quatre domaines prioritaires, votre santé physique (chapitre 6), votre santé émotionnelle (chapitre 7), vos relations (chapitre 8) et la spiritualité et le sens (chapitre 9), je vous invite à choisir un objectif pour chaque domaine. Par exemple, pour votre santé émotionnelle, les objectifs pourraient être :

-    j'aimerais me sentir moins stressé·e;

ou

-    j'aimerais être moins réactif·ve;

ou

-    j'aimerais sentir plus d'émotions agréables.

Prenez du temps maintenant pour choisir un objectif pour chacun des domaines prioritaires. Vous pouvez écrire vos objectifs dans votre livret d'activités. Si vous êtes complètement satisfait·e dans l'un des domaines, vous pouvez laisser cet espace blanc, mais je vous encourage à vous demander si les choses ne pourraient pas aller encore mieux.

Activité #22 : Définissez vos objectifs prioritaires.

Pour ma santé physique, mon objectif prioritaire est :

Pour ma santé émotionnelle, mon objectif prioritaire est :

Pour mes relations, mon objectif prioritaire est :

En ce qui concerne la spiritualité et le sens, mon objectif prioritaire est :

Vous devriez avoir entre 0 (peu probable vu que vous avez lu ce livre jusqu'ici) et 4 objectifs que vous souhaitez poursuivre. Ensuite, vous allez choisir des actions qui vont vous rapprocher de vos objectifs.

Mais commençons par parcourir quelques considérations sur la création de routines et d'habitudes.

Créer des routines

La première partie de ce livre, sur les ingrédients d'un état d'esprit gagnant, vous a montré comment vous assurer de mener à bien les actions que *VOUS* choisissez. Pour vous aider au mieux à mettre en œuvre les changements que vous souhaitez, prenez note de la façon dont les actions deviennent des habitudes.

Il existe de nombreuses assertions concernant le temps qu'il faut pour créer une habitude. On entend beaucoup parler de 21 jours. Pourtant, les dernières recherches de l'*University College* de Londres disent qu'il faut plutôt 66 jours en moyenne pour rendre un nouveau comportement habituel. La vérité est que cela dépend vraiment des personnes et des comportements. Voici quelques conseils pour vous aider à créer de nouvelles habitudes.

1. Si vous avez identifié *POURQUOI* vous voulez changer une habitude ou en créer une nouvelle, et si ce *POURQUOI* est suffisamment important pour vous, vous trouverez bien plus facilement la motivation. *Je veux faire ceci parce que j'ai lu un article disant que c'était une bonne idée* ne vous

donnera probablement que très peu de motivation. *Je veux faire ceci parce que ça va améliorer ma qualité de vie à long terme* a de bien meilleures chances de vous motiver. Donc <u>choisissez des habitudes que vous pouvez vous justifier à vous-même</u>.

2. Associez la nouvelle habitude à une habitude existante. Christine Carter parle de cette tactique dans ses webinaires, en anglais.

    Par exemple, si votre objectif est de passer le fil dentaire plus souvent, mais que vous vous brossez déjà les dents, alors vous feriez bien de coupler les deux et de passer le fil après le brossage des dents.

    Lorsque vous choisissez une nouvelle activité que vous souhaitez démarrer, essayez d'identifier une activité que vous faites déjà et votre nouvel objectif devient alors d'ajouter le nouveau comportement à l'habitude existante.

3. Le pessimisme défensif. Pensez aux différentes façons dont vous pourriez dérailler et prévoyez comment vous vous remettrez sur les rails. Vous pouvez retourner au chapitre 2 si vous avez besoin d'un rappel concernant les étapes détaillées du pessimisme défensif.

4. Trouvez votre binôme. C'est très stimulant d'avoir quelqu'un qui vous aidera à suivre vos objectifs, et vous pourriez en retour aider cette personne à changer certains de ses comportements et à améliorer sa vie.

5. Revenez à la motivation. Si vous trouvez que de rassembler la motivation nécessaire est votre plus grand défi, je vous encourage à commencer par un seul changement de comportement. Sachez que vous pouvez toujours revenir à la partie I pour votre piqûre de rappel de motivation.

La création d'habitudes saines a un merveilleux avantage : vous n'aurez plus besoin de tellement de volonté, vos habitudes se mettront simplement en marche !

Activité #23 : Créez votre plan d'action.

En utilisant vos notes dans votre livret d'activités ou votre carnet, et dans le tableau 1, posez-vous les deux questions suivantes pour chacune des activités :

1. Cette activité m'a-t-elle procuré plus de sens, de paix ou de joie ?

2. Comment cette activité peut-elle contribuer à mes objectifs ?

Laissez les réponses à ces deux questions vous guider dans le choix d'une à trois activités par objectif. Vous pouvez écrire votre plan dans votre livret d'activités, dans votre carnet, ou vous pouvez le taper, l'encadrer et le suspendre dans un endroit visible, en fonction de ce qui, selon vous, sera le plus efficace pour vous aider à aller au bout de vos objectifs.

OBJECTIF I :

– Action 1 :

– Action 2 :

– Action 3 :

OBJECTIF II :

– Action 1 :

– Action 2 :

– Action 3 :

VOTRE BONHEUR PAS À PAS !

OBJECTIF III :

    – Action 1 :

    – Action 2 :

    – Action 3 :

OBJECTIF IV :

    – Action 1 :

    – Action 2 :

    – Action 3 :

Ceci termine la partie « Passer à l'action ». J'espère sincèrement que vous avez pu trouver des activités qui ont du sens pour vous et que vous irez au bout du plan que vous venez de créer.

Si vous ne l'avez pas encore fait, je vous encourage à rejoindre notre groupe Facebook :

« Votre Bonheur Pas à Pas ! »

CONCLUSION

Félicitations, vous êtes arrivé·e au bout de ce livre. J'espère que vous sentez la motivation d'apporter des changements dans votre vie. Avant de vous lancer vers la prochaine meilleure version de vous-même, résumons ce que vous avez appris.

Dans la première partie, vous avez appris les ingrédients de la motivation. Dans la deuxième partie, vous avez exploré plusieurs domaines prioritaires : votre santé physique, votre santé émotionnelle, vos relations, votre rapport à la spiritualité et au sens. Dans la troisième partie, vous avez choisi parmi 23 activités celles que vous souhaitez incorporer dans votre vie à partir de *MAINTENANT !*

C'est uniquement par l'action que vous allez réellement faire des découvertes et changer. Dans ce livre, je vous ai donné les meilleures informations et actions pour goûter plus pleinement votre vie.

Plus généralement, je vous encourage à chercher de nouvelles expériences autant que possible. C'est par l'expérience que vous apprenez de manière holistique, par le corps, l'esprit et l'âme.

En cheminant vers votre vie meilleure, souvenez-vous d'utiliser les questions ci-dessous pour rester fidèle à vous-même. Elles vous aideront à rechercher des expériences signifiantes pour vous.

- Où ? D'où partez-vous et quelles sont vos croyances concernant votre situation ? Ces croyances vous stimulent-elles ou vous limitent-elles ? Pouvez-vous les améliorer?

- Quoi ? Qu'essayez-vous d'accomplir, avez-vous visualisé le résultat souhaité ? Ayez une vision claire et précise.

- Pourquoi ? Quel est votre but ultime en essayant d'accomplir ceci ? C'est votre but qui vous motive et c'est sans doute la considération la plus importante.

- Comment ? Et enfin, comment vous y prendrez-vous pour accomplir cet objectif, quelles sont les étapes, quelle est votre stratégie ?

J'espère que ce livre vous a donné quelques réponses et que vous avez effectivement trouvé plus de sens, de paix et de joie. Je vous souhaite du fond du cœur beaucoup de succès dans votre recherche d'une vie meilleure !

L'écriture de ce livre a été une expérience nouvelle pour moi et j'ai beaucoup appris sur moi-même au passage. Mais je ne l'aurais pas écrit sans un·e lecteur·trice comme vous en tête. Merci de rester en lien dans le groupe Facebook « Votre Bonheur Pas à Pas ! ».

Merci !

DEMANDE URGENTE

Merci d'avoir lu mon livre !

J'apprécie réellement tous vos commentaires et j'aimerais savoir ce que vous avez pensé de mon livre. J'ai besoin de vos retours pour m'aider à améliorer la prochaine version de ce livre et aussi les autres livres que j'écrirai peut-être. Merci de prendre 2 minutes maintenant pour laisser un commentaire constructif sur Amazon, en me disant ce que vous avez pensé du livre :

https://amazon.com/review/create-review?&asin=2956107917

Un tout grand merci !

Sonia Weyers
Révélatrice de Bonheur
Fondatrice d'Eudokima
https://eudokima.com

REMERCIEMENTS

Cercle privé :

Tout d'abord, je remercie mes parents : vous m'avez donné la vie et m'avez lancée sur ce chemin continu à la découverte de moi-même. Vous m'avez soutenue tout le long du chemin au mieux de vos capacités et je vous en suis immensément reconnaissante !

Ensuite, je remercie le père de mes enfants : non seulement tu as toujours soutenu mes objectifs changeants, mais tu as également réalisé mon rêve d'avoir quatre enfants, et je t'en remercie : ils sont ma principale source d'inspiration.

Enfin et surtout, je remercie mon compagnon : ton amour et ton appréciation ont été le plus grand moteur de ma croissance au cours de la dernière décennie. Sans toi, je serais peut-être encore prisonnière de mon mal-être. Du fond de mon cœur, merci.

VOTRE BONHEUR PAS À PAS !

Cercle élargi :

Pour m'avoir soutenue à travers mes humeurs parfois agitées durant la rédaction de ce livre, merci à Valérie, Laura et Natacha.

Pour avoir proposé un cadre propice à la rédaction en français, merci à Anjet et Mark.

Pour la formidable expérience avec le programme de la Self-Publishing School :

- merci Chandler Bolt et Sean Sumner, et toute l'équipe pour un processus incroyable ;

- merci Scott Allan et Kerk Murray, pour votre soutien et vos conseils avisés ;

- merci à la merveilleuse communauté du groupe Facebook pour la générosité et la qualité de vos réponses ;

- un merci spécial à Corinne Tanguy et Marcy Pusey, d'avoir fait le chemin avec moi : nous nous sommes encouragées mutuellement à tenir nos engagements !

Pour avoir contribué à la version anglaise de ce livre, je remercie Dawn Jarish, Vanessa Jolet, Robin de Lafforest, Bento Leal, Bérangère Noyau, Kelly Robic, Marta Urbina,

SONIA WEYERS

Esther van Weelden, Jacques Weyers, Esther Wojcicki, Clara Zemsky,   Gabrielle Zemsky, et, surtout, Kate Philips-Kaiser.

Pour cette version, je remercie Agnès Vitel, Fabienne Oudart, Valérie Evrard, Sheila Weyers et Jacques Weyers.

Enfin, je remercie Emilie Guerrier pour sa relecture professionnelle de qualité.

SOURCES D'INSPIRATION

Mes sources d'inspiration sont majoritairement anglophones. Si vous ne lisez pas l'anglais, je vous invite à faire des recherches : nombreuses sont les sources qui soit sont en français, soit ont été traduites.

Isabel De Los Rios et Beyond Diet : plans de repas, recettes et programmes pour une vie saine.
http://www.beyonddiet.com/

La plateforme Sharecare : le test RealAge, qui donne une idée de votre vieillissement réel, et d'autres ressources pour vivre sainement.
about.sharecare.com

Dr Andrew Weil : conseils sur tous les aspects de la santé.
www.drweil.com

***

Le Berkeley Greater Good Center : la science pour une vie pleine de sens.
greatergood.berkeley.edu

VOTRE BONHEUR PAS À PAS !

MOOCs (Cours en ligne) sur la science du bonheur :

- « The Science of Happiness »

  www.edx.org/course/science-happiness-uc-berkeleyx-gg101x-6

- « Positive Psychology »

  www.coursera.org/learn/positive-psychology

- « A life of Happiness and Fulfillment »

  www.isb.edu/a-life-of-happiness-and-fulfillment

Mindvalley Academy : cours en ligne de développement personnel.
www.mindvalleyacademy.com/

- Eric Edmeades sur l'Intervalle de Recul :

  www.youtube.com/watch?v=cD16oT4tqVs

Méditations de Deepak Chopra et Oprah Winfrey :
chopracentermeditation.com

Christine Carter : une sociologue qui écrit sur la productivité, la parentalité, le bonheur et comment vivre votre meilleure vie.
www.christinecarter.com

Hal Elrod, *The Miracle Morning*
www.halelrod.com

Caroline Goyder à TedX Brixton : « La clé surprenante pour parler avec confiance » (en anglais).
https://www.youtube.com/watch?v=a2MR5XbJtXU

Mindfulness Based Achievement : cours « Succès basé sur la Pleine Conscience » et défis méditation de 30 jours.
http://www.mindfulnessbasedachievement.com/

Les deux fondatrices de ce programme se sont séparées depuis et ont fondé
www.vanessaloder.com et www.lisaabramson.com.

My Lifebook Online : cours en ligne pour créer sa vie.
mylifebook.com/yes-mylo1/

VOTRE BONHEUR PAS À PAS !

Conférences Ted :
https://www.ted.com/

- Robert Waldinger : à propos de l'Étude du Développement Adulte à Harvard, (sous-titres en français disponibles).

  https://www.ted.com/talks/robert_waldinger_what _makes_a_good_life_lessons_from_the_longest_ study_on_happiness

- Elizabeth Gilbert : à propos de succès, d'échec, du besoin de créer et de génie (sous-titré en français).

  o https://www.ted.com/talks/elizabeth_gilbert_ success_failure_and_the_drive_to_keep_ creating

  o https://www.ted.com/talks/elizabeth_gilbert_ on_genius

Enfin, je crédite également mes formations pour devenir thérapeute et coach, et mes expériences de praticienne et de cliente dans ces deux activités car elles ont aussi été des sources d'inspiration pour ce livre.

ANNEXES

Annexe 1 :

Voici les différents soutiens supplémentaires que je vous propose.

Votre guide gratuit pour vous accompagner dans les activités proposées dans ce livre

https://eudokima.com/bonheur-pas-à-pas-guide

Votre Méditation Ouverture offerte

https://eudokima.com/méditation-ouverture

VOTRE BONHEUR PAS À PAS !

Votre guide gratuit "Les 5 Obstacles à Votre Bonheur AUTHENTIQUE"

https://eudokima.com/5-obstacles

Mon TedX "Accéder au Bonheur : Comment Pardonner à ma Mère a Radicalement Changé ma Vie"

https://eudokima.com/mon-tedx

SONIA WEYERS

Pour découvrir mon offre de thérapie, pour les adultes et les couples

https://eudokima.com/thérapie

Pour tout savoir sur mon programme d'un an, *L'Oasis* *"Vivez Votre Bonheur AUTHENTIQUE"*

https://eudokima.com/l-oasis

Annexe 2 :

Tableau 1

	Activité	Quand	Observations
1	Routine du matin		
2	Routine du soir		
3	Besoins de sommeil		
4	Respiration diaphragme		
5	Programme de sport		
6	Nourriture bio		
7	Réduction du sucre		
8	Consommation de viande		
9	Respiration centrée		
10	La gratitude comme outil		
11	Pratiquer la gratitude		
12	Phrases d'auto-compassion		
13	Le pardon		

14	Intervalle de recul		
15	Soin de soi x 5		
16	Vie sociale		
17	Générosité		
18	Pratique contemplative		
19	La nature		
20	Visualisation		
21	Méditation Metta		
22	Objectifs prioritaires		
23	Plan d'action		

SELF-PUBLISHING
SCHOOL

MAINTENANT C'EST A VOUS

Avez-vous déjà pensé à écrire un livre ?

Je n'avais jamais pensé à écrire un livre, jusqu'à ma rencontre avec Self-Publishing School. Leur équipe m'a aidée à écrire mon livre et elle peut vous aider également, si vous comprenez bien l'anglais, avec une ressource offerte pour commencer à faire le plan de votre propre livre !

Même si vous êtes très occupé.e, vous n'écrivez pas bien ou vous ne savez pas par où commencer, vous pouvez écrire un bestseller, c'est ce que j'ai fait.

Self-Publishing School est un guichet unique pour mener à bien VOTRE projet de livre.

Dites "OUI" à partager votre récit !

https://self-publishingschool.com/friend/

Réalisation de la couverture par Matthieu Touvet
Formatage par Jen Henderson
Relecture professionnelle par Émilie Guerrier

Copyright © 2018, © 2022 EUDOKIMA

ISBN : 978-2-9561079-1-0